„Ein neuer Weg ist immer ein Wagnis. Aber wenn wir den Mut haben loszugehen, dann ist jedes Stolpern und jeder Fehltritt ein Sieg über unsere Ängste, über unsere Zweifel und Bedenken.“

Demokrit, griechischer Philosoph
(459 v. Chr. bis vermutlich 371 v. Chr.)

Mike Rückert

Mit OPTIONEN zu MILLIONEN

Der Königsweg zum Reichtum

Mit einem Vorwort von Claudia Jankewitz

Vorwort

In einer volatilen Finanzwelt und Zeiten von Niedrigzinsen muss jedem Privatanleger klar sein, dass er seine Finanzen und Vermögensverwaltung selbst in die Hand nehmen muss.

Claudia Jankewitz
Finanzanalystin und
Chefanalystin im
Investor Verlag

Das oft zitierte „gut diversifizierte Depot" in den verschiedenen Anlageklassen von Sachwerten wie Aktien, Edelmetallen und Immobilien ist für die meisten Privatinvestoren noch leicht nachvollziehbar, doch auch innerhalb der einzelnen Bereiche ist eine breite Aufstellung von konservativ bis hin zu spekulativ möglich.

Den Anlegern, die bereits in Aktien oder ETFs investiert und sein Depot noch um eine spekulative Beimischung ergänzen möchten, bietet sich mit Optionen die perfekte Möglichkeit. Optionen mögen teilweise als „Teufelszeug" abgestempelt werden – sie sind aber das genaue Gegenteil.

Doch der Optionshandel bedarf etwas mehr Fachwissen als ein einfacher Aktienkauf.

Zudem betreten Sie mit dem Optionshandel eine ganz neue Arena – Sie entwickeln sich von einem Investor weiter zu einem Trader, der mit gehebelten Finanzinstrumenten wie den Optionen erhebliche Gewinne einfahren kann. Und nicht nur das: Sie befinden sich dann auf der gleichen Spielwiese wie die großen Investoren, die für ihre Vermögensverwaltung Optionen einsetzen.

Während der Optionshandel in Asien und den USA auch für den Privatanleger gang und gäbe ist, fristet er im deutschsprachigen Raum nach wie vor ein Schattendasein. Zu der weniger stark ausgeprägten Aktienmentalität kommt hier noch eine Portion Scheu, da der Optionshandel eben ohne ein gewisses Grundwissen über die Funktionalität, Risiken und Chancen sowie die vielfältigen Einsatzmöglichkeiten der Optionen nicht möglich ist.

Sie kennen vielleicht den Spruch: „Der erste Schritt ist die Hälfte des Weges!" Und die haben Sie schon zurückgelegt, weil Sie dieses Buch in den Händen halten und sich offensichtlich mit dem Optionshandel vertraut machen wollen. Ich gratuliere Ihnen zu dieser Entscheidung!

Denn mit diesem Buch erhalten Sie genau das Grundwissen, das Sie als Optionseinsteiger benötigen leicht verständlich und anschaulich geschrieben. Aber auch erfahrene Optionstrader können mit diesem Büchlein ihr Grundwissen festigen und ihren Strategiehorizont erweitern.

Ich danke und beglückwünsche meinen geschätzten Kollegen Mike Rückert für dieses informative und spannende Buch.

Viel Spaß beim Lesen und viel Erfolg mit dem Optionshandel.

C. Jankewitz

Claudia Jankewitz

Technische Analystin (CFTe) und VTAD Mitglied, Optionstraderin und Herausgeberin verschiedener Optionendienste

Inhaltsverzeichnis

Einleitung 10

1) Was ist eine Option? 14

Call-Optionen: So sichern Sie sich heute
den Kaufpreis von morgen 14

Put-Optionen: Versichern Sie sich gegen
starke Preisrückgänge 16

Fazit: Call-Optionen vs. Put Optionen 17

2) Die Geschichte des Optionshandels 19

Optionen in der Antike: Olivenpressen als Basiswert? 19

Optionen während der Tulpenmanie
des 17. Jahrhunderts 20

Die USA im 20. Jahrhundert:
Der regulierte Optionshandel entsteht 20

3) Das 1 x 1 des Optionshandels 22

Option vs. Optionsschein:
Unterschiede und Gemeinsamkeiten 22

Optionen:
So drehen Sie den Banken den Gebühren-Geldhahn zu 23

Der nächste Banken-Crash?
Optionen bieten auch hier Schutz! 24

Optionsausübung:
Diese Punkte sollten Sie beachten 25

Ausübungsrecht:
europäisch vs. amerikanisch. 26

Praxisbeispiel #1:
Kauf eines Calls auf Facebook. 26

Praxisbeispiel #2:
Kauf eines Puts auf Facebook 28

Gewinnchancen und Verlustrisiken
von Optionskäufer und Stillhalter 29

Option Chain:
die Qual der Wahl. 30

Der Optionspreis = innerer Wert + Zeitwert. 32

Innerer Wert einer Option. 32

Der Zeitwert einer Option. 34

Optionskennzahlen:
die Griechen 37

Das Delta:
die wichtigste Optionskennzahl 38

Das Vega:
wichtiges Maß für den Einfluss der Volatilität 40

Das Theta:
Maßzahl für den Zeitwertverfall 41

Praxisbeispiel #3:
Optionskennzahlen 42

4) Optionen statt Aktien?! 44

Der Delta-Effekt:
So nutzen Sie ihn zu Ihrem Vorteil! 46

Wichtige Vorteile von Optionen gegenüber Aktien 48

5) Optionsstrategien, die Sie kennen sollten . . . 50

Covered Call:
Drucken Sie sich monatlich ein Nebeneinkommen 50

Protective Put:
Sichern Sie sich gegen Kurseinbrüche ab 52

Straddle:
Setzen Sie auf einen Anstieg der Volatilität 53

Vertical Spread:
Bull-Call- vs. Bear-Put-Spread. 54

LEAPs:
die Langläufer unter den Optionen 56

Weitere Strategien und Kombinationsmöglichkeiten 57

6) Warum Sie auf Optionen
  nicht verzichten sollten 59

   Geringerer Kapitaleinsatz. 59

   Trading mit Hebelwirkung. 59

   Verlust auf Optionsprämie beschränkt. 60

   Setzen Sie auf steigende und fallende Kurse 61

   Besseres CRV-Profil dank Delta-Effekt
   und Optionsstrategien. 61

   Einkommensgenerierung durch
   den Verkauf von Optionen. 62

   Strategien für Anfänger und Optionsprofis 63

7) Die Wahl des richtigen Optionsbrokers 64

8) Steuerliche Behandlung von Optionen 67

9) Nachwort. 71

10) Glossar 72

Einleitung

*Mike Rückert
Finanzanalyst und
Chefanalyst im
Investor Verlag*

Liebe Leserin, lieber Leser,

herzlich willkommen zu meinem Schnell-Leitfaden „Mit Optionen zu Millionen". Mit diesem Buch werde ich Ihnen das wichtigste Grundwissen rund um den Optionshandel kurz und knapp zusammengefasst an die Hand geben. Gleichzeitig möchte ich mit so manchem irreführenden Vorurteil gegenüber dem Optionshandel aufräumen und Ihnen Mut machen, diesen neuen Weg gemeinsam mit mir zu gehen.

Optionen bzw. Optionsstrategien sind ein sehr komplexes Thema, über das sich ganze Buchreihen schreiben lassen. Ich werde auf den nachfolgenden Seiten deshalb nicht jeden theoretischen Teilaspekt in erschöpfender Ausführlichkeit darstellen. Stattdessen halten wir die Dinge hier einfach und verständlich und sehen uns das an, worauf es in der Praxis wirklich ankommt.

Ich kann Ihnen somit guten Gewissens versprechen: Nach dem gewissenhaften Lesen dieses Leitfadens werden Sie genug Expertenwissen zur Hand haben, um erfolgreich mit dem Optionshandel zu beginnen! Darüber hinaus werden Ihnen keine der teuren und ärgerlichen Fehler unterlaufen, welche die meisten Anfänger immer wieder machen.

Optionen werden in der Öffentlichkeit aufgrund ihrer Hebelwirkung gerne als Teufelszeug dargestellt. Und in der Tat verlieren viele uninformierte Anleger ihr Hab und Gut, weil sie nie grundlegend verstanden haben, wie Optionen wirklich funktionieren und zu welchem Zweck sie überhaupt eingesetzt werden sollten. Hieraus ergeben sich grobe Anwendungsfehler, die dann in den Depots unerfahrener Privatanleger schnell für große Schäden sorgen.

Ohne Fachwissen geht es nicht!

Die Ursache hierfür liegt somit im Mangel an notwendigen Kenntnissen des Anlegers und nicht in einer inhärenten „Bösartigkeit" des Anlageinstruments Optionen. Der beste Beweis hierfür ist, dass Anlageprofis Optionen vor allem dazu einsetzen, um ihre Risiken zu senken und dabei sogar gleichzeitig ihre Gewinnchancen zu erhöhen. Und genau darum geht es in diesem Leitfaden.

Ich werde Sie zum Optionsprofi machen!

Zu Beginn erkläre ich Ihnen zunächst, was eine Option überhaupt ist und welchen historischen Ursprung Optionen haben. Anschließend geht es ans Eingemachte: Sie lernen unter anderem die unterschiedlichen Optionsarten kennen, wie sich der Preis einer Option zusammensetzt, welche Rechte und Pflichten sowohl Käufer als auch Optionsverkäufer haben und was es mit den sogenannten Griechen auf sich hat.

Danach stelle ich Ihnen ein paar ausgewählte Optionsstrategien vor und zeige Ihnen, wie Sie mittels Optionen Ihre Aktienpositionen ersetzen können, um somit ein deutlich besseres Chance-Risiko-Profil für Ihr Portfolio zu schaffen. Gegen Ende dieses Leifadens führe ich noch einmal alle Vorteile von Optionen auf, stelle Ihnen die besten Optionsbroker vor und schneide noch kurz die steuerliche Behandlung von Optionen an. Im abschließenden Glossar finden Sie alle wichtigen Fachbegriffe, die in diesem Leitfaden verwendet werden, noch einmal alphabetisch sortiert aufgelistet.

Sie sehen also, dass ich hier eine Menge interessanter Punkte für Sie zusammengestellt habe.

Nun wünsche ich Ihnen jedoch viel Spaß beim Lesen der folgenden Seiten sowie viel Erfolg mit Ihren Optionsgeschäften!

Herzlichst, Ihr

Mike Rückert

P.S.
Übrigens, mit Ihrer Entscheidung, mehr über Optionen lernen zu wollen, treten Sie einer verschwiegenen, kleinen Gruppe hochmotivierter und ganz besonderer Leser des *Investor Verlages* bei. Denn diese profitieren jeden Tag an den Märkten, Seite an Seite mit den großen Adressen der Finanzbranche, wie es nur die wenigsten Privatanleger können. Den meisten „Feierabend-Investoren" wird diese Welt jedoch für immer verschlossen bleiben…

1) Was ist eine Option?

Wir beginnen unseren Einstieg in den Optionshandel, indem wir erst einmal klären, was eine Option eigentlich ist. Hierzu fangen wir ganz bodenständig an und betrachten zunächst ein Alltagsbeispiel:

Call-Optionen: So sichern Sie sich heute den Kaufpreis von morgen

Stellen Sie sich vor, Sie planen in 12 Monaten in eine andere Stadt zu ziehen und sehen sich deshalb auf dem örtlichen Immobilienmarkt um. Ein Objekt hat es Ihnen besonders angetan und Sie sprechen mit dem zuständigen Makler. Da Sie aber erst in 12 Monaten nach Musterstadt ziehen wollen, bietet Ihnen der Makler folgenden Deal an:

- Sie zahlen 5 % des Kaufpreises als Reservierungsgebühr.

- Dafür erhalten Sie das Recht, aber nicht die Pflicht, die Immobilie zum jetzigen Preis innerhalb der nächsten 12 Monate zu kaufen.

- Unabhängig davon, ob Sie sich für oder gegen den Kauf entscheiden, die zu zahlende 5-%-Preissicherungsprämie wird Ihnen nicht erstattet.

Der Vorteil eines solchen Geschäfts liegt klar auf der Hand. Sie können sich trotz Ihrer 5-%-Gebühr am Ende gegen den Kauf des Hauses entscheiden. Dies wäre dann interessant, wenn etwa die Immobilienpreise in den kommenden 12 Monaten stark fallen. Vergleichbare Objekte in der Nachbarschaft wären dann deutlich günstiger zu haben, als es momentan der Fall ist. In diesem Fall verzichten Sie vermutlich gerne auf den Kauf, obwohl damit natürlich die Preissicherungsprämie verloren ist. Allerdings gleicht der günstigere Kaufpreis des Nachbarobjekts diesen Verlust wahrscheinlich mehr als aus. Der Verkäufer hingegen kassiert in jedem Fall die 5 % des Kaufpreises von Ihnen, egal ob Sie das Haus schließlich zum vereinbarten Preis kaufen oder nicht.

Ein solches Geschäft würden Sie sicherlich nicht ohne schriftlichen Vertrag abschließen. Und schon haben wir auch unser Optionsgeschäft formalisiert: Denn einen solchen Vertrag nennen wir eine *Call-Option*.

Doch das ist nicht der einzige Fachausdruck, den wir von nun an nutzen werden:

● Sie, also in unserem Beispiel der Hauskäufer, gelten aus Sicht des Optionsgeschäfts als der **Käufer / Besitzer der Option.**

● Ihr Hausverkäufer wird als **Stillhalter / Verkäufer** bezeichnet.

● Das Haus ist der **Basiswert** (engl. *underlying*), auf den das ganze Optionsgeschäft aufgebaut ist.

● Ihr **vereinbarter Kaufpreis** für das Haus wird im Fachjargon als *strike* bezeichnet.

● Der Termin, an dem die Option abläuft, heißt **Fälligkeitsdatum / Fälligkeit** (*expiration date / date of expiry / DTE*).

- Die Zeit bis dahin bezeichnen wir als **Laufzeit der Option** (*life of an option*)

Der Käufer kann hier also sein Recht „abrufen" (engl. *call*) und das der Option zugrunde liegende Objekt zum vereinbarten Preis erwerben, muss dies aber aus rechtlicher Sicht nicht.

Put-Optionen: Versichern Sie sich gegen starke Preisrückgänge

Bleiben wir noch einen Moment bei dem obigen Beispiel. Wir nehmen an, Sie wollen die derzeit hohen Immobilienpreise nutzen und sich gegen etwaige Preisrückschläge auf dem Immobilienmarkt absichern.

Zu diesem Zwecke bietet die fiktive Versicherung „Immobilia" Ihnen folgendes Geschäft an:

- Sie zahlen eine Preissicherungsprämie in Höhe von 10.000 Euro.

- Dafür erhalten Sie das Recht, aber nicht die Pflicht, Ihr Haus innerhalb der nächsten 12 Monate an „Immobilia" zu einem festgelegten Preis zu verkaufen.

- Der Vorteil für Sie: Falls die Immobilienpreise weiter steigen und Ihr Haus an Wert gewinnt, verzichten Sie auf die Verkaufsoption und suchen sich einen neuen Käufer, welcher eine höhere Summe zahlt.

- Sollten jedoch die Immobilienpreise in diesem Zeitraum fallen, so haben Sie immer noch die Möglichkeit, Ihr Haus an „Immobilia" zum vereinbarten Festpreis zu veräußern.

Die obigen Situationen in unserem Beispiel lassen sich nahezu 1:1 auf den Börsenhandel übertragen. Der Basiswert der Option war in unserem Fall eine Immobilie. Beim Börsenhandel könnte er hingegen eine bestimmte Aktie, ein Index, eine Währung, ein Rohstoff oder beispielweise eine Anleihe sein. Das Prinzip, sich als Käufer einer Option durch die Zahlung einer Optionsprämie einen **Kaufpreis (Call-Option)** oder **Verkaufspreis (Put-Option)** zu sichern, bleibt jedoch gleich.

Fazit: Call-Optionen vs. Put-Optionen

Wir wollen die Definition, worum es sich bei einer Option handelt, somit etwas allgemeiner fassen:

> Eine Option ist aus Sicht des Käufers ein verbrieftes Recht, aber keine Pflicht eine Ware (den Basiswert) bis zum oder am Verfallsdatum, zu einem im Vorhinein fest vereinbarten Preis und in fest vereinbarter Menge zu kaufen (Call-Option) oder zu verkaufen (Put-Option).

Wie oben bereits beschrieben, nennen wir den Basiswert, auf den sich die Option bezieht, auch **Underlying**. Die Menge des Basiswerts, auf den sich ein Optionskontrakt (d.h. ein „Options-Vertrag") bezieht, heißt **Bezugsverhältnis**.

Heutzutage können Sie über regulierte Börsen auf so ziemlich jede Anlageklasse Optionen kaufen. Dies gilt insbesondere für Aktien, Rohstoffe, Währungen und Anleihen. Aber selbst auf andere Derivate wie Futures existieren Optionen.

Als **Käufer einer Option** (Call oder Put) gehen Sie also eine Art Wettvertrag ein. Sie setzen darauf, dass der Basiswert der entsprechenden Option bis zum Laufzeitende des Kontrakts gegenüber dem Kaufzeitpunkt im Preis steigt (Call) oder fällt (Put). Für diese Wette zahlen Sie eine Gebühr, die sogenannte **Optionsprämi**e.

Sie haben als Käufer das Recht, jedoch nicht die Pflicht, die Option auszuüben. Als Verkäufer (Stillhalter) einer Option nehmen Sie die Gegenseite dieser Wette ein: Sie sind sozusagen das Wettbüro und vereinnahmen die Optionsprämie durch das sogenannte **Schreiben (= den Verkauf) der Option**. Sie haben allerdings die Pflicht, bei Ausübung der Option dem Käufer den Basiswert zum vereinbarten Preis zu liefern, insofern seine Wette aufgeht. Abbildung 1 stellt diesen Zusammenhang noch einmal tabellarisch dar:

	Call	Put
Käufer	Recht zu kaufen	Recht zu verkaufen
Verkäufer (Stillhalter)	Pflicht zu verkaufen	Pflicht zu kaufen

Abbildung 1: *Rechte und Pflichten von Optionskäufer und Stillhalter. (eigene Darstellung)*

Bevor ich gleich weiter ins Detail gehe und Ihnen die Vorzüge von Optionen verdeutliche, möchte ich Ihnen noch einen kleinen geschichtlichen Überblick über die wichtigen Ereignisse rund um den Optionshandel geben.

2) Die Geschichte des Optionshandels

Man könnte leicht auf die Idee kommen, dass Optionen erst vor ein paar Jahren von der modernen Finanzindustrie zu Spekulationszwecken erfunden wurden. Das ist jedoch weit gefehlt.

Optionen in der Antike: Olivenpressen als Basiswert?

Das Grundprinzip des Optionshandels lässt sich bis in die Antike, ins 4. Jahrhundert, zurückverfolgen. Der griechische Philosoph Aristoteles erwähnte in seinem Werk *Politeia* den Mathematiker und Astronom Thales von Milet.

Dieser sagte für seine Heimatregion eine besonders reichhaltige Olivenernte für das kommende Jahr voraus. Er erkannte, dass dies zu einem signifikanten Nachfrage- und somit auch zu einem Preisanstieg für Olivenpressen führen würde. Da er selbst nicht genug Geld besaß, um sich eine hohe Anzahl an Pressen zu kaufen, bezahlte er die Besitzer dafür, die Olivenpressen in der folgenden Erntezeit nutzen zu dürfen. Er kaufte sich damit quasi ein Nutzungsrecht an den Pressen.

Die nächste Olivenernte war in der Tat außergewöhnlich gut, und die Nachfrage nach Olivenpressen schnellte in die Höhe. Thales verkaufte seine Nutzungsrechte an den Pressen zu weit höheren Preisen, als er selbst gezahlt hatte, und strich so einen gewaltigen Gewinn ein. Und genauso wie Thales können Sie auch vom Optionshandel überproportional profitieren, insofern Sie mit Ihren Vorhersagen richtig liegen.

Optionen während der Tulpenmanie des 17. Jahrhunderts

Optionen spielten auch in der Tulpenmanie in den Niederlanden des 17. Jahrhunderts eine große Rolle. Tulpenzwiebel-Produzenten kauften damals Put-Optionen, um sich gegen Preisrückgänge abzusichern. Weite Teile der Bevölkerung bevorzugten hingegen Call-Optionen, um von zukünftigen Preissteigerungen profitieren zu können.

Selbstverständlich war zu dieser Zeit der Optionshandel noch recht informell und gänzlich unreguliert. Dennoch war das Grundprinzip damals schon das gleiche wie heute. Die Marktteilnehmer sicherten sich Kauf- und Verkaufspreise. Die Tatsache, dass die Tulpenblase letztendlich platze, hatte im Übrigen nichts mit dem Optionshandel per se zu tun, sondern eher mit der falschen Einschätzung vieler Akteure. Diese konnten sich, wie so oft in Blasen zu beobachten, einfach nicht mehr vorstellen, dass die Preise für Tulpenzwiebeln jemals wieder fallen würden. Der Handel mit Optionen war damals lediglich Mittel zum Zweck.

Die USA im 20. Jahrhundert: Der regulierte Optionshandel entsteht

Im Jahr 1973 kam es in den USA zur Gründung der sogenannten *Chicago Board Options Exchange (CBOE)*, welche heute die größte Optionsbörse der Welt ist. Bis dahin wurden in den USA Optionsgeschäfte stets außerbörslich „over the counter" (kurz: OTC) abgewickelt.

Mit Gründung der CBOE wurden erstmals die Optionskontrakte standardisiert, so dass ein effizienter und liquider Marktplatz für den Optionshandel entstand. Durch die Gründung der *Option Clearing Corporation* wurde zudem sichergestellt, dass die Ausübung der Optionskontrakte auch wirklich vollzogen wurde.

Der Durchbruch der Option ist neben der Gründung der CBOE letztendlich auch auf die beiden Professoren Fischer Black, Robert Merton und Myron Scholes zurückzuführen. Diese erschufen mit ihrem weltbekannten **Black-Scholes-Merton-Modell** eine mathematische Möglichkeit, den korrekten Preis einer Option mittels spezifischer Variablen zu berechnen. Seitdem hat der Optionshandel eindeutig an Bedeutung gewonnen. Während früher die *market maker* die Optionspreise noch von Hand berechnen mussten, übernehmen dies heutzutage mit dem Übergang vom Parkett- zum elektronischen Handel die Computer.

Nach dieser kurzen geschichtlichen Abhandlung steigen wir nun voll in die Materie ein und machen Sie zum Optionsprofi.

3) Das 1 x 1 des Optionshandels

Zunächst möchte ich mit einem bei vielen Anlegern beliebten Missverständnis aufräumen.

Option vs. Optionsschein: Unterschiede und Gemeinsamkeiten

Einer der beliebtesten Irrtümer deutscher Anleger ist, dass sie **Optionen** und **Optionsscheine** fälschlicherweise gleichsetzen. Doch hierbei handelt es sich um zwei grundsätzlich verschiedene Anlageinstrumente.

Bevor ich im Folgenden auf die Unterschiede zwischen Optionen und Optionsscheine eingehe, will ich zuerst deren Gemeinsamkeit unterstreichen: Beide sind Derivate, deren Preisentwicklung unter anderem vom Kursverhalten des jeweiligen Basiswerts abhängt. Des Weiteren können Sie mit beiden Instrumenten dank der Hebelwirkung überproportional große Gewinne einstreichen und sich gegen Kursverluste absichern. Aber wie kommt es dann, dass gerade in Deutschland Optionen bei weitem nicht so verbreitet sind wie Optionsscheine? Während es beispielsweise in den USA genau andersherum ist?

Hier gibt es ein kleines, aber wichtiges Detail. Denn Optionsscheine werden hierzulande von der Finanzindustrie regelgerecht gepusht. Fast niemand aus der Industrie spricht hingegen großartig über Optionen. Sie fragen sich, woran das liegt? Die Antwort liegt in der Natur der Sache, denn Optionsscheine werden von den jeweiligen Banken als verbriefte Wertpapiere emittiert (= herausgegeben).

Auf zahlreichen beliebten Finanzseiten im Internet finden Sie zu einem bestimmten Basiswert (z.B. der BMW-Aktie, dem DAX oder Währungskursen, etc.) für dieselbe Laufzeit und denselben Basispreis diverse Optionsscheine verschiedener Banken. Der Grund dafür ist folgender: Wenn Sie als Kunde Optionsscheine handeln, verdienen die Banken daran zum Teil hohe Gebühren, sichern sich jedoch im Hintergrund mit Optionen gegen das Preisrisiko aus dem Geschäft ab. Als Kunden können wir hier jedoch nur von der Bank aufgelegte Optionsscheine kaufen. Wir haben keine Möglichkeit, selbst welche in den Umlauf zu bringen, wie es etwa bei Optionen der Fall ist. Banken können dies jedoch ohne Probleme.

Das bedeutet, dass Sie als deutscher Endkunde ein Produkt serviert bekommen, das Ihnen – wenn überhaupt – nur bedingt Vorteile bringt. In erster Linie profitieren die Banken, und das auf Ihre Kosten!

Optionen: So drehen Sie den Banken den Gebühren-Geldhahn zu

Bei Optionen sieht die Sache jedoch komplett anders aus. Denn diese werden nicht von Banken emittiert, sondern können im Prinzip von jedem Anleger, der die Auflagen erfüllt (Freigabe durch den jeweiligen Broker vorausgesetzt), geschrieben (= verkauft) oder gekauft werden. Das bedeutet, dass Sie beim Optionshandel sowohl die Seite des Optionskäufers als auch die des Stillhalters (zur Prämiengenerierung) wählen können. Eine zwischengeschaltete Bank wie beim Optionsscheinhandel gibt es in diesem Fall nicht.

Bei Optionen handeln Sie direkt mit dem Käufer oder Verkäufer auf der Gegenseite, gegebenenfalls noch mit dem *market maker*, der für die Kurspflege zuständig ist. Sie drehen dem Mittelsmann, in diesem Fall also den Banken, einfach den Geldhahn zu. Und das gefällt natürlich keinem Finanzhaus, das sich hier eine goldene Nase auf Ihre Kosten verdient.

Der nächste Banken-Crash? Optionen bieten auch hier Schutz!

Ein weiterer Vorteil, den Optionen gegenüber Optionsscheinen bieten, ist die Tatsache, dass Sie beim Optionshandel keinem klassischen Emittentenrisiko ausgesetzt sind: Im Falle einer Bankenpleite wie im Jahr 2008 bei Lehman Brothers gehen die vom Finanzhaus emittierten Optionsscheine in die Insolvenzmasse ein. Ihr Geld ist dann verloren, unabhängig davon, ob Ihre Optionsscheinwette aufging oder nicht.

Beim Optionshandel besteht dieses Risiko nicht, da Sie nicht mit einer Bank, sondern direkt mit einem anderen Marktteilnehmer handeln. Dessen Broker muss gewährleisten, dass der Anleger die erforderlichen Sicherungsleistungen aufbringt. Die regulierte Optionsbörse steht noch einmal als zusätzliche Sicherheit dahinter und garantiert, dass Sie in jedem Fall ausbezahlt werden. Das ist auch der Grund, warum es so gut wie keine institutionellen Marktteilnehmer gibt, die mit Optionsscheinen handeln. Stattdessen greift das „Big Money" auf Optionen zurück.

Für Sie bedeutet dies wiederum, dass Sie durch den direkten Handel mit Optionen auch in die Champions League der Finanzprofis aufsteigen, die den meisten deutschen Privatanlegern bewusst vorenthalten wird.

Optionsausübung: Diese Punkte sollten Sie beachten

Bis zu diesem Zeitpunkt ist nun schon mehrmals der Begriff **Optionsausübung** gefallen. Mittlerweile wissen Sie, dass der Käufer einer Option das Recht hat, vom Stillhalter der Option das Underlying zu einem bestimmten Preis zu kaufen (Call) bzw. es ihm zu verkaufen (Put). Nimmt er dieses Recht wahr, so sprechen wir von der **Ausübung einer Option** (engl. *exercise*). Dieses Ausübungsrecht wird der Käufer nur wahrnehmen, falls sich der aktuelle Marktpreis des Basiswertes über (Call) bzw. unter (Put) dem Ausübungspreis befindet.

Niemand würde beispielsweise eine Call-Option zu 30 US-US-Dollar ausüben, wenn sich der Preis des Underlyings bei 29 US-Dollar befindet. Denn in diesem Fall könnten Sie den Wert einfach am Markt günstiger kaufen als durch die Ausübung der Call-Option.

Insofern sich jedoch der Marktpreis des Basiswertes über (Call) bzw. unter (Put) des Strike-Preises befindet, kann eine Ausübung für den Optionskäufer sinnvoll sein. Im Falle eines

Calls bezahlt der Käufer den Ausübungspreis an den Stillhalter der Option, der im Gegenzug den jeweiligen Basiswert (z. B. die entsprechenden Aktien) liefert. Bei Ausübung einer Put-Option hat der Stillhalter die Pflicht, den Basiswert zum Ausübungspreis zu kaufen, wohingegen der Put-Käufer den Basiswert zum Ausübungspreis ausgebucht bekommt.

Ausübungsrecht: europäisch vs. amerikanisch

An den Optionsbörsen werden sowohl sogenannte europäische als auch amerikanische Optionen gehandelt. Lassen Sie sich durch diese Begrifflichkeiten jedoch nicht täuschen. Ob eine Option europäisch oder amerikanisch ist, hat rein gar nichts mit den Handelsplätzen oder mit dem betreffenden Basiswert zu tun. Vielmehr wird damit die Ausübungsmöglichkeit der Option bezeichnet.

Bei amerikanischer Auflegung bedeutet das, dass Sie als Optionskäufer schon vor Ende der Optionslaufzeit Ihr Ausübungsrecht zum Kauf (Calls) oder Verkauf (Put) nutzen können. Im Folgenden gehen wir hier ausschließlich von der weiter verbreiteten amerikanischen Variante aus, mit welcher ab Beginn der Optionsauflegung das Ausübungsrecht wahrgenommen werden kann.

Praxisbeispiel #1: Kauf eines Calls auf Facebook

Theoretische Überlegungen müssen sein. Doch oftmals hilft ein Blick in die Praxis, um sich einen Zusammenhang klarer zu machen. Wir sehen uns daher nachfolgend ein reales Zahlenbeispiel an (nur zur Veranschaulichung, keine Handelsempfehlung!).

In Abbildung 2 sehen Sie die Facebook-Aktie, die zum Erstellzeitpunkt dieses Buches bei ca. 170 US-US-Dollar notiert. Darunter habe ich einen Call auf Facebook mit dem Basispreis 170 US-US-Dollar und der Laufzeit 16. März 2018 gelegt. Der letzte Kaufpreis dieses Calls betrug 12,13 US-Dollar pro Aktie. Da Aktienoptionen fast ausschließlich in einem Bezugsverhältnis von 100 Stück pro Optionskontrakt gehandelt werden, müssen Sie den angezeigten Preis mit 100 multiplizieren, so dass Sie dann auf eine Kaufsumme pro Call von 1.213 US-Dollar kommen.

Abbildung 2: *Facebook-Aktie und FB-Call, mit Laufzeit 16. März 2018, 170 US-Dollar Basispreis.* *(Quelle: TWS, Interactive Brokers)*

Als Optionskäufer dieses Calls zahlen Sie in diesem Fall 1.213 US-US-Dollar für das Recht, bis zum Laufzeitende (März 2018) die Facebook-Aktie für 170 US-US-Dollar kaufen zu können. Der Verkäufer (Stillhalter) des Calls nimmt die Gegenseite ein und verdient durch den Verkauf des Calls 1.213 US-US-Dollar. Allerdings verpflichtet er sich Ihnen gegenüber, die Facebook-Aktie für 170 US-US-Dollar zu verkaufen, falls Sie als Käufer die Option ausüben.

Ob es zu einer Ausübung der Option kommt, hängt natürlich vom weiteren Preisverlauf der Aktie ab. Nehmen wir an, Facebook steigt bis März 2018 auf 200 US-Dollar. In diesem Fall würden Sie als Käufer des Calls selbstverständlich von Ihrem Recht Gebrauch machen, die Aktie für 170 US-Dollar zu kaufen. Immerhin können Sie sie umgehend für 200 US-Dollar am Markt weiterverkaufen. Ihr Gewinn liegt in diesem Fall bei satten 1.787 US-Dollar ((200 $ – 170 $) x 100 – 1.213 $ = 1.787 $). Handelt Facebook jedoch zum Laufzeitende unter 170 US-Dollar, macht es für Sie als Käufer des Calls keinen Sinn, die Option auszuüben. Sie erhalten die 100 Aktien am Markt günstiger als durch die Optionsausübung zum Kurs von 170 US-Dollar.

Praxisbeispiel #2: Kauf eines Puts auf Facebook

In unserem zweiten Beispiel schauen wir uns einen Put-Kauf auf Facebook an. In diesem Fall habe ich für Sie den Put mit Basispreis 160 US-Dollar und der Laufzeit 15. Dezember 2017 ausgewählt. Dieser Kontrakt wurde zuletzt für 3,55 US-Dollar gehandelt. Als Käufer des Puts zahlen Sie somit 355 US-Dollar für das Recht, Facebook innerhalb der Optionslaufzeit für 160 US-Dollar an den Stillhalter zu verkaufen. Dieser wiederum nimmt durch den Verkauf des Puts umgehend 355 US-Dollar ein, verpflichtet sich jedoch, bei Optionsausübung 100 Facebook-Aktien für jeweils 160 US-Dollar zu kaufen.

Solange Facebook über der Marke von 160 US-Dollar notiert, die sich immerhin knapp 6 % unterhalb des aktuellen FB-Preises (169,96 US-Dollar) befindet, macht der Optionskäufer 355 US-Dollar Verlust. Denn der Kontrakt nützt ihm nichts. Fällt Facebook jedoch unter die Marke von 160 US-Dollar greift für den Käufer die Absicherung. Denn er hat ja das Recht, seine Aktien für 160 US-Dollar an den Verkäufer des Puts zu verkaufen. Dieser muss die Aktien, unabhängig vom Marktpreis, zu diesem Wert abnehmen.

Umgekehrt folgt daraus, dass der Verkäufer der Option 355 US-Dollar Gewinn macht, so lange die Facebook-Aktie über

160 US-Dollar notiert. Erst wenn die Aktie unter diese Schwelle fällt, wird es für den Verkäufer gefährlich. Denn während der Laufzeit trägt er ab dieser Marke das Risiko jeglicher Kursverluste!

Rechnerisch bedeutet dies etwa: Falls es zu einer Optionsausführung kommt und Facebook beispielsweise zu diesem Zeitpunkt bei 150 US-Dollar steht, beträgt der Verlust des Stillhalters – 645 US-Dollar (355 \$ – (160 \$ -150 \$) x 100 = – 645 \$).

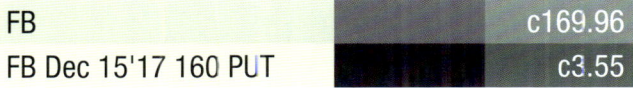

Abbildung 3: *Facebook-Aktie und Facebook-Put, mit Laufzeit 15. Dezember 2017, 160 US-Dollar Basispreis.* (Quelle: TWS, Interactive Brokers)

Die Verluste des Stillhalters sind also gleichzeitig die Gewinne des Put-Käufers. Dieser macht im obigen Beispiel einen Gewinn in Höhe von 645 US-Dollar.

Gewinnchancen und Verlustrisiken von Optionskäufer und Stillhalter

Die Verluste des **Optionskäufers** sind immer auf den Kaufpreis der Option beschränkt, wohingegen die Gewinne – zumindest im Falle einer Call-Option – theoretisch unendlich groß ausfallen können.

Der Gewinne des **Stillhalters** sind hingegen von Vornherein auf den Verkaufspreis der Option beschränkt, wohingegen die Verluste im Falle eines Call-Verkaufs theoretisch unendlich groß ausfallen können.

Aus diesem Grund ist die zu erbringende **Sicherheitsleistung** (engl. *margin*) des Stillhalters wesentlich größer als die des Optionskäufers. Bestimmt fragen Sie sich nun, warum es trotz der beschränkten Gewinnmöglichkeiten und der hohen Verlustrisiken überhaupt Marktteilnehmer gibt, die Optionen schreiben.

Der Grund dafür ist, dass die große Mehrheit der am Markt gehandelten Optionen wertlos verfällt. Die Gewinnwahrscheinlichkeit ist daher für den Stillhalter der Option wesentlich höher ist als für die Optionskäufer. Zudem können Sie sich als Anleger durch das Schreiben von Optionen ein nettes Zusatzeinkommen mittels Prämiengenerierung sichern. Insofern man dabei ein paar Dinge beachtet, kann dies sogar relativ leicht verdientes Geld sein. Weiter unten gehe ich auf diesen Punkt noch einmal ein.

Option Chain: die Qual der Wahl

Als **Option Chain** (dt. soviel wie „Optionskette") bezeichnet man eine Liste der verfügbaren Optionen für einen gegebenen Basiswert. Grundsätzlich gilt bei der Auswahl von Optionen:

- Vor dem Kauf einer Option müssen Sie sich **entscheiden**, ob Sie einen **Call oder einen Put** auf das Underlying kaufen wollen.
- Als nächstes wählen Sie einen **Basispreis** (Ausübungspreis, *strike*).
- Zuletzt wählen Sie die **Laufzeit der Option** aus.
- Nun sehen Sie, zu welchem **Preis** die jeweilige Option handelt.

Es gibt übrigens mehrere Möglichkeiten, sich die Option Chain einer Aktie anzeigen zu lassen. Sie können dafür entweder eine Webseite wie *Yahoo Finance* wählen und sich dort nach Eingabe des Ticker-Symbols die verfügbaren Optionen anzeigen lassen. Oder Sie wählen dafür einen Broker, der den Optionshandel anbietet.

Ich empfehle Ihnen hier *Interactive Brokers,* falls Sie des Englischen mächtig sind. Fühlen Sie sich im deutschsprachigen Umfeld wohler und wünschen einen deutschen Kundenservice, bieten sich *Lynx* bzw. *Cap-Trader* an. Eine ausführliche Brokervorstellung für den Optionshandel erfolgt meinerseits noch im Kapitel 7 .

In Abbildung 4 sehen Sie die Option Chain für Facebook mit Laufzeit 19. Januar 2018. Links abgebildet sind die Call-Optionen auf Facebook, in der Mitte sind die verschiedenen Basispreise (Strikes) aufgelistet und rechts stehen die Put-Optionen.

FB ▾ Greeks						170.91	-0.33 (-0.19%) ▾		
	Call					Put			
Delta	Gamma	Vega	Theta	Beschreibung	Delta	Gamma	Vega	Theta
0.570	0.057	0.135	-0.097	OCT 20 '17 170	-0.431	0.057	0.135	-0.092
0.550	0.026	0.229	-0.075	NOV 17 '17 170	-0.451	0.026	0.229	-0.070
0.552	0.021	0.296	-0.057	DEC 15 '17 170	-0.450	0.021	0.296	-0.051
0.555	0.018	0.362	-0.046	JAN 19 '18 170	-0.448	0.018	0.362	-0.040
0.558	0.015	0.407	-0.043	FEB 16 '18 170	-0.445	0.015	0.407	-0.037
0.562	0.014	0.447	-0.039	MAR 16 '18 170	-0.442	0.014	0.447	-0.033
0.572	0.011	0.556	-0.033	JUN 15 '18 170	-0.433	0.011	0.556	-0.026
0.583	0.009	0.652	-0.029	SEP 21 '18 170	-0.424	0.009	0.652	-0.022
0.595	0.007	0.749	-0.025	JAN 18 '19 170	-0.415	0.008	0.750	-0.019
0.623	0.006	0.961	-0.020	DEC 20 '19 170	-0.393	0.006	0.964	-0.013

Abbildung 4: *Option Chain von Facebook (FB) mit Laufzeit 19. Januar 2018. (Quelle: TWS, Interactive Brokers)*

Wenn Sie sich nun entschließen sollten, eine Call-Option auf Facebook mit Basispreis 175 US-Dollar und Laufzeit Januar 2018 zu kaufen, dann gehen Sie in die entsprechende Zeile und Spalte.

Dort sehen Sie die sogenannte BID- x ASK-Spanne (Geld- x Briefkurs) von 6,30 US-Dollar x 6,40 US-Dollar. Wie oben bereits erwähnt, müssen Sie die Preise mit 100 multiplizieren. Das bedeutet, dass Sie für den Kauf des Facebook Calls zu 150 US-Dollar mit Laufzeit 19. Januar 2018 ca. 640 US-Dollar zahlen müssten. Für den Verkauf würden Sie hingegen ca. 630 US-Dollar erhalten. Je öfter Sie mit der Option Chain arbeiten, desto vertrauter wird sie Ihnen werden. Und wenn erst einmal die großen Optionsgewinne den Weg auf Ihr Bankkonto finden … Glauben Sie mir, Sie werden ohne Optionen gar nicht mehr handeln wollen!

Der Optionspreis = innerer Wert + Zeitwert

Vielleicht fragen Sie sich jetzt, weshalb manche Optionen auf einen bestimmten Basiswert teurer sind als andere Optionen. Der Preis einer Option hängt von zwei grundsätzlichen Faktoren ab: dem sogenannten **inneren Wert** einer Option sowie deren **Zeitwert**.

Innerer Wert einer Option

Der **innere Wert** einer Option ist die Differenz zwischem dem Basispreis der Option und dem aktuellen Kurs des Underlyings. Eine Call-Option hat einen inneren Wert, falls der Basispreis des Calls unter dem aktuellen Kurs des Underlyings liegt. Bei einer Put-Option ist es genau umgekehrt. Diese weist einen inneren Wert auf, falls der Basispreis der Put-Option über dem aktuellen Kurs des Basiswertes liegt.

Kommen wir auf unser Facebook-Beispiel zurück. Wenn der Facebook-Aktienkurs 170 US-Dollar beträgt und Sie eine Call-Option mit Ausübungspreis 160 US-Dollar kaufen, beträgt der innere Wert des Calls 10 US-Dollar (170 $ – 160 $ = 10 $). Drehen wir das Beispiel um: Wenn Sie statt eines Calls einen Put auf Facebook mit dem Basispreis 160 US-Dollar kaufen, dann beträgt der innere Wert des Puts 0 US-Dollar. Denn der Ausübungspreis der Put-Option liegt unter dem aktuellen Kurs von Facebook. Kaufen Sie hingegen einen $180-US-DollarPut, beträgt der innere Wert des Puts 10 US-Dollar.

Entspricht der Ausübungspreis eines Calls oder Puts dem aktuellen Kurs des Underlyings, ist die Option „am Geld" (engl. *at the money, ATM*). Falls eine Option einen inneren Wert aufweist, der Ausübungspreis also unter dem Kurs des Underlyings liegt (bei Calls) bzw. umgekehrt (bei Puts), spricht man von einer „im Geld" (engl. *in the money, ITM*) liegenden Option. Eine Option liegt „aus dem Geld", insofern der Kurs des Underlyings unter dem Basispreis (bei Calls) bzw. über dem Basispreis (bei Puts) liegt. In Abbildung 5 sehen Sie die verschiedenen Möglichkeiten noch einmal aufgelistet.

Art	Call Aus dem Geld (OTM)	Put Am Geld (ATM)	Im Geld (ITM)
Call-Option	Kurs < Basispreis	Kurs = Basispreis	Kurs > Basispreis
Put-Option	Kurs > Basispreis	Kurs = Basispreis	Kurs > Basispreis

Abbildung 5: *Zusammenfassende Darstellung ITM, ATM, OTM-Optionen. (Quelle: eigene Darstellung)*

Der Zeitwert einer Option

Wie oben bereits beschrieben, setzt sich der Optionspreis aus dem inneren Wert sowie dem Zeitwert zusammen. Der Zeitwert ist somit der Anteil des Optionspreises, der nicht durch den inneren Wert der Option abgedeckt ist:

Zeitwert einer Option = Optionspreis – innerer Wert der Option

Je länger die Laufzeit einer Option ist, desto höher ist ihr **Zeitwert**. Das ist insofern logisch, weil für Sie als Optionskäufer bei einem länger laufenden Kontrakt eine größere Wahrscheinlichkeit besteht, dass Ihre Wette aufgeht. Für diese besseren Chancen zahlen Sie in Form des größeren Zeitwertes. Neben der **Restlaufzeit** beeinflussen **folgende Faktoren** den **Zeitwert einer Option**:

- Abstand zwischen dem Basispreis der Option und dem aktuellen Kurs des Underlyings
- der vorherrschende Zinssatz

- die Volatilität des Basiswertes
- die Dividendenhöhe

Als **Faustregel** können Sie sich Folgendes merken:

Der Zeitwert wird in erster Linie von der **Restlaufzeit der Option** und der **Volatilität des Basiswert**s beeinflusst. Je größer beide Faktoren sind, desto teurer die Option.

Was Sie außerdem im Hinterkopf behalten sollten, sind folgende Punkte:

- Der Zeitwert einer Option nimmt stetig ab.
- Je mehr sich dabei die Option dem Verfallsdatum nähert, desto schneller fällt der Zeitwert.
- Das bedeutet, dass der Zeitwert einer Option in den letzten Wochen vor dem Verfallsdatum exponentiell an Wert verliert, weil das Zeitfenster für Ihre Wette kleiner und kleiner wird.
- Somit sinkt die Wahrscheinlichkeit, dass Ihre Wette aufgeht, immer weiter. Am Optionsverfallstag besitzt eine Option nur noch einen inneren Wert, weil keine Restlaufzeit mehr vorhanden ist.

Optionsprämie: innerer Wert + Zeitwert

Nun dürfte Ihnen hoffentlich klar sein, dass sich der Optionspreis (auch Optionsprämie genannt) immer aus dem Zeitwert und dem inneren Wert ableiten lässt. Je tiefer dabei eine Option im Geld liegt und je länger die Restlaufzeit ist, desto teurer ist die Option.

Schauen wir uns dazu abschließend noch zwei Beispiele an.

Werfen Sie noch einmal einen Blick auf Abbildung 4, die Option Chain für Facebook mit Optionsverfallstag 19. Januar 2018. Facebook notiert beim Schreiben dieser Zeilen bei 168,55 US-Dollar. Das bedeutet, dass sowohl der 170-US-Dollar-Call als auch der 170-US-Dollar-Put (nahe) am Geld liegen. Wenn Sie die linke Seite der Option Chain Zeile für Zeile entlanggehen, fällt Ihnen mit Sicherheit auf, dass die Calls mit niedrigem Basispreis deutlich teurer sind als jene mit höherem Basispreis.

Wenn Sie bis hierhin gut aufgepasst und mitgedacht haben, dann wissen Sie warum: Es liegt am inneren Wert der Calls. So besitzt beispielsweise der 130-US-Dollar-Call einen inneren Wert von 38,55 US-Dollar. Dieser ergibt sich aus der Differenz zwischen dem Kurs des Basiswerts und des Ausübungspreises des Calls: (168,55 \$- 130 \$) x 100= 3855 \$). Da der Optionspreis zwischen 39,65 US-Dollar (BID) und 39,90 US-Dollar (ASK) handelt, beträgt der Zeitwert der Option ca. 1,35 US-Dollar. (3.990 \$ – 3.855 \$ = 135 \$).

Der Zeitwert des 175-US-Dollar-Calls hingegen, welcher aus dem Geld liegt, beträgt ca. 6,45 US-Dollar (175 \$ – 168,55 \$ = 6,45 \$). Ein innerer Wert liegt nicht vor. Sie sehen auch, dass die Optionspreise für die aus dem Geld liegenden Calls sinken, je weiter der jeweilige Basispreis des Calls vom Optionspreis entfernt liegt. Auch das ist plausibel, sinkt doch die Chance mit zunehmendem Abstand, jemals den Basispreis zu erreichen. Und somit ist auch die Option weit weniger wertvoll.

Betrachten wir abschließend ein zweites Beispiel. In der folgenden Abbildung 6 sehen Sie den 170-US-Dollar-Call auf Facebook, mit jeweils unterschiedlichen Laufzeiten (von Oktober 2017 bis Dezember 2019).

FB Oct 20'17 170 CALL	c2.31
FB Nov 17'17 170 CALL	5.59
FB Dec 15'17 170 CALL	c7.02
FB Jan 19'18 170 CALL	c8.57
FB Feb 16'18 170 CALL	c10.47
FB Mar 16'18 170 CALL	c11.45
FB Sep 21'18 170 CALL	c18.40
FB Dec 20'19 170 CALL	c30.05

Abbildung 6: *Option Chain für Facebook (FB) mit 170 US-Dollar Basispreis und diversen Laufzeiten. (Quelle: TWS, Interactive Brokers)*

Je länger die Laufzeit, desto mehr Zeit kaufen Sie. Und Zeit kostet eben, was zu einem höheren Preis für die Call-Option führt – trotz der gleichen Ausübungspreise. Der Grund dafür ist, dass sich die Eintrittswahrscheinlichkeit für einen Erfolg Ihrer Wette proportional mit der Laufzeit erhöht.

Optionskennzahlen: die Griechen

Falls Sie sich schon etwas mit Optionen beschäftigt haben, ist Ihnen sicherlich schon einmal der Begriff „Griechen" begegnet. Dabei hat dieser Ausdruck nichts mit dem gleichnamigen Völkchen vom Mittelmeer zu tun, sondern es handelt sich um bestimmte Optionskennzahlen.

Anhand der Griechen kann ein erfahrener Optionshändler ablesen, wie sich der Preis einer Option in Abhängigkeit verschiedener Faktoren ändert. Dies muss übrigens nicht immer der Basiswert sein. Auch Veränderungen der Volatilität können sich im Preis einer Option sichtbar niederschlagen.

Damit Sie nicht zu den unerfahrenen Anlegern gehören, die sich über diesen Sachverhalt wundern, gehe ich im Folgenden auf die wichtigsten Optionskennzahlen Delta, Vega, Theta ein (mehr zum Gamma erfahren Sie im Praxisbeispiel weiter unten, denn dieses ist für Ihren alltäglichen Handel meist nur bedingt von Bedeutung).

Das Delta: die wichtigste Optionskennzahl

Ohne Zweifel ist **das Delta** die wichtigste Optionskennzahl. Diese Sensitivitätskennzahl zeigt uns an, wie stark sich der Optionspreis ändert, wenn der Basiswert um eine Einheit steigt oder fällt. Das Delta wird als Dezimalzahl angegeben und kann nur einen Wert zwischen 0 bis + 1 (Calls) bzw. 0 bis – 1 (Puts) annehmen. Bei Calls ist das Delta positiv, da die Call-Optionen eine positive Korrelation zum Preis des Basiswertes haben. Für Put-Optionen gilt das Gegenteil. Hier ist die Korrelation negativ, d.h. der Wert der Put-Option sinkt, wenn der Basiswert sinkt.

Ein Delta von 0,5 bzw. -0,5 bedeutet beispielsweise, dass sich eine Änderung des Basiswertes zu 50 % auf den Optionspreis auswirkt. Zur Veranschaulichung wählen wir ein **einfaches Beispiel**, bei dem alle anderen Einflussfaktoren auf den Optionspreis (z. B. Zeitwertverlust etc.) nicht berücksichtigt werden:

Wir nehmen an, die Aktie XY handelt bei 300 Euro. Der Preis des XY-Calls mit einem Delta von 0,4 notiert bei 10 Euro.

Steigt nun die Aktie XY um 1 Euro, also von 300 Euro auf 301 Euro, an, so gewinnt die Call-Option um 0,4 Euro an Wert.

Der Preis des Calls beträgt somit 10,40 Euro. Aus einem 1-Euro-Anstieg in der Aktie wird bei einem Call mit Delta 0,4 also ein 0,40-Euro-Anstieg im Optionspreis.

Nehmen wir ein **zweites Beispiel**: Dieses Mal gehen wir von einem XY-Put für 15 Euro mit Delta – 0,7 aus. Wenn nun die Aktie XY um 1 Euro auf 299 Euro fällt, steigt der Put von 15 Euro auf 15,70 Euro im Preis. Von einem 1-Euro-Rückgang der Aktie profitiert ein Put mit Delta – 0,7 also mit + 0,70 Euro.

Während der Optionslaufzeit ändert sich das Delta der Option stetig, da dieses u. a. vom Abstand zwischen dem Basispreis der Option und dem Kurs des Underlyings abhängt. Folgende **nützliche Richtwerte für die Praxis** gelten dabei:

- Handelt eine Option am Geld (ATM), so beträgt das Delta etwa 0,5.
- Je tiefer eine Option im Geld (ITM) liegt, desto höher ist das Delta.
- Je weiter sie außerhalb des Geldes (OTM) handelt, desto kleiner ist das Delta.
- Des Weiteren wird das Delta auch von der verbleibenden Restlaufzeit der Option beeinflusst. Es wird bei einer im Geld liegenden Option größer, je näher das Verfallsdatum der Option rückt.
- Liegt die Option außerhalb des Geldes, wird das Delta mit sinkender Restlaufzeit hingegen zunehmend kleiner.

Mehr brauchen Sie vorerst zum Delta nicht zu wissen. Schauen wir uns nun die nächste Optionskennzahl an: das Vega.

Das Vega: wichtiges Maß für den Einfluss der Volatilität

Das **Vega** steht in diesem Fall für die zu erwartende Volatilität des Basiswertes bis zum Verfallsdatum der Option. Es wird als Dezimalzahl angegeben und gibt Aufschluss darüber, wie stark sich der Optionspreis absolut ändert, wenn die Volatilität des Basiswertes um einen Prozentpunkt steigt oder fällt, während alle anderen Größen konstant bleiben.

Zur Verdeutlichung eine kurze Beispielrechnung:

Die Aktie Z hat eine erwartete Volatilität von 10 %. Eine auf Z lautende Put-Option steht bei 90 Euro und hat einen Vega-Wert von 11. Fällt nun die erwartete Volatilität von Z von 10 % auf 9 % zurück, so verbilligt sich die Put-Option um 11 Euro auf 79 Euro.

Steigt hingegen die Volatilität von Z um 1 % an, verteuert sich die Put-Option um 11 Euro auf 101 Euro.

Allgemein lässt sich festhalten: Je höher die zu erwartende Volatilität des Underlyings ist, desto teurer ist die Optionsprämie und umgekehrt. Der Ausübungspreis der Option sowie deren Laufzeit wirken sich auf das Vega aus. Je kürzer dabei die Laufzeit der Option ist, desto kleiner ist das Vega. Eine Option mit kurzer Laufzeit ist somit weniger empfindlich für Veränderungen der Volatilität als eine Option mit langer Laufzeit.

Viel mehr brauchen Sie zum Thema Vega vorerst nicht zu wissen. Behalten Sie einfach nur im Hinterkopf, dass in Zeiten höherer Volatilität Optionen (unerheblich, ob Calls oder Puts) teurer sind als in Zeiten niedrigerer Volatilität.

Volatilität ▲ – Optionsprämie ▲

Volatilität ▼ – Optionsprämie ▲

Das Theta: Maßzahl für den Zeitwertverfall

Zuletzt besprechen wir die Optionskennzahl **Theta**. Wie oben bereits beschrieben, haben Optionen einen inneren Wert sowie einen Zeitwert. Das Theta zeigt uns an, wie stark sich der Wert einer Option ändert, wenn sich die Restlaufzeit der Option um einen Tag verkürzt und alle anderen Optionskennzahlen unverändert bleiben. Als Halter eines Calls oder Puts verlieren Sie durch den Zeitwertverlust bis zum Laufzeitende der Option täglich etwas Geld. Die Kennzahl Theta zeigt uns, wie hoch dieser Verlust absolut ist.

Beispiel:

Eine kurzlaufende Option steht bei 100 Euro und hat ein Theta von -7. Das bedeutet, dass die Option täglich 7 Euro an Wert verliert.

Je kürzer die Restlaufzeit einer Option ist, desto höher ist ihr Theta. Bei zwei Optionen mit gleichem Basispreis, aber unterschiedlichen Laufzeiten verliert so die länger laufende Option pro Tag weniger an Wert als die früher ablaufende.

Kurze Restlaufzeit – hohes Theta,

lange Restlaufzeit – niedriges Theta

Praxisbeispiel #3: Optionskennzahlen

Nachfolgend möchte ich Ihnen zeigen, wie sich die obigen Kennzahlen in der Praxis auswirken. Die folgenden beiden Abbildungen 7 und 8 zeigen die Optionskennzahlen für Facebook-Optionen an. Auf der linken Seite stehen die Call-Optionen, auf der rechten Seite finden Sie die Put-Optionen.

Aufgeführt sind jeweils das Delta, Gamma (Änderungsrate von Delta, wenn sich der Preis des Underlyings um eine Einheit ändert), Vega sowie das Theta. Die Abbildung 7 zeigt Ihnen Call- und Put-Optionen auf Facebook mit dem Basispreis von 170 US-Dollar und unterschiedlichen Optionslaufzeiten (von Oktober 2017 bis Dezember 2020).

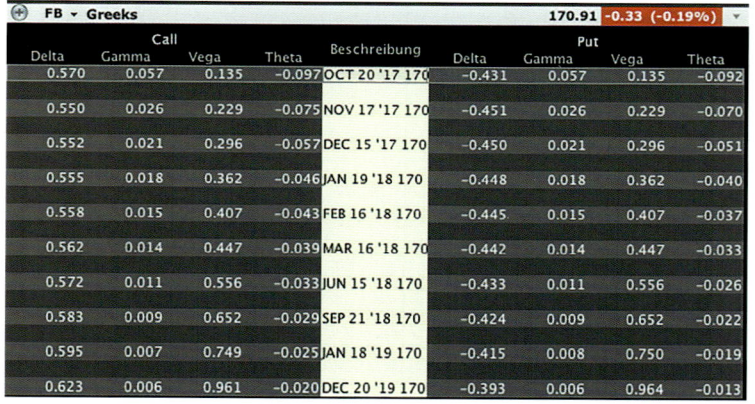

Abbildung 7: *Die Griechen für Facebook (FB) mit 170 US-Dollar Basispreis und diversen Laufzeiten.* *(Quelle: TWS, Interactive Brokers)*

Wir sehen uns nun Abbildung 8 an. Dort halten wir bei unseren Überlegungen die Laufzeit bei allen Optionen gleich.

FB ▾ Greeks					170.91	-0.33 (-0.19%)	▾	
Call				Beschreibung	**Put**			
Delta	Gamma	Vega	Theta		Delta	Gamma	Vega	Theta
				▸ OCT 27 '17				
				▾ DEC 15 '17				
0.250	0.018	0.247	-0.042	185	-0.755	0.018	0.244	-0.037
0.342	0.020	0.273	-0.050	180	-0.662	0.020	0.272	-0.044
0.445	0.021	0.290	-0.055	175	-0.558	0.022	0.290	-0.050
0.552	0.021	0.296	-0.057	170	-0.450	0.021	0.296	-0.051
0.652	0.019	0.279	-0.055	165	-0.349	0.019	0.279	-0.049
0.742	0.016	0.252	-0.050	160	-0.259	0.016	0.252	-0.045
0.815	0.013	0.205	-0.064	155	-0.186	0.013	0.206	-0.039

Abbildung 8: Die Griechen für FB mit unterschiedlichen Basispreisen, Laufzeit Dezember 2017.   Quelle: TWS, Interactive Brokers)

Abbildung 8 wiederum zeigt Call- und Put-Optionen mit Laufzeit Dezember 2017, jedoch unterschiedlichen Basispreisen an. Lesen Sie die obige Beschreibung für die Griechen bei Gelegenheit noch einmal durch, und vergleichen Sie dann die Aussagen mit den abgebildeten Grafiken. Dadurch werden Sie ein Gefühl dafür bekommen, wie sich unterschiedliche Basispreise und Laufzeiten auf die Griechen auswirken.

Damit haben Sie jetzt schon eine ganze Menge gelernt. Sie wissen nun nicht nur was Optionen sind, sondern kennen auch bereits das wichtigste Grundwissen und dessen Bedeutung in der Praxis.

Mit diesem Grundwissen zum Thema Optionen wissen Sie jetzt schon mehr als 99 % aller Privatanleger. Damit haben wir den Grundstein gelegt. Herzlichen Glückwunsch, dass Sie sich bis hierher erfolgreich durchgearbeitet haben!

Nun steht Ihrem Aufstieg in die Champions League des Börsenhandels nicht mehr viel im Wege!

4) Optionen statt Aktien?!

Optionen eignen sich hervorragend für den Ersatz von Aktienpositionen, insofern Sie einige Dinge beachten. Zunächst einmal stellt sich die Frage, warum Sie überhaupt auf Optionen statt Aktien zurückgreifen sollten. Um es vorwegzunehmen: Mit dem Kauf der „richtigen" Aktien-Option können Sie Ihr Chance-Risiko-Profil deutlich verbessern.

Sie werden im Verlustfall mit einer Option deutlich weniger Geld absolut betrachtet verlieren, als wenn Sie Aktien gekauft hätten. Umgekehrt werden Sie im Gewinnfall fast die gesamten Profite einstreichen, die Sie mit dem direkten Aktienkauf erzielen würden. Wie klingt das für Sie? Doch zunächst einmal gilt es zu klären, welche Optionen sich für den Aktienersatz eignen und wie viele Sie davon überhaupt kaufen sollten.

Wie Sie sicherlich noch wissen, beziehen sich Optionen immer auf 100 Aktien des jeweiligen Basiswertes.

> **Genau deshalb sollten Sie beim Ersatz von Aktienpositionen durch Optionen immer die Positionsgröße auf die Anzahl der Aktien beziehen und nicht auf die ursprünglich für den Aktienkauf vorgesehene Investitionssumme.**

Beispiel:

Statt 200 Apple-Aktien à 150 US-Dollar zu kaufen (insgesamt also 30,000 US-Dollar Investitionssumme), kaufen Sie 2(!)

Call-Optionen auf Apple zum Preis von ca. 3.000 US-Dollar pro Call.

Das Tolle hieran ist, dass Sie nun lediglich 6.000 US-Dollar „im Spiel" haben. Sie müssen nicht mehr 30,000 US-Dollar aufbringen, sondern erzielen mit nur einem Fünftel der ursprünglichen Investmentsumme den gleichen Effekt. Denn letztlich kontrolliert ja jede Call-Option 100 Aktien.

Unter gar keinen Umständen sollten Sie die für den Aktienkauf vorgesehene Investitionssumme 1:1 zum Kauf von Call-Optionen nutzen, da Sie ansonsten eine viel zu große Hebelwirkung haben!

Genau solche Schritte sind es, die unerfahrene Privatanleger Schiffbruch mit Optionen erleiden lassen!

Darüber hinaus sollten Sie bei Ihren als Aktienersatz gedachten Optionen beachten, dass die Call-Optionen ein Delta von mindestens 0,75 haben. Warum? Sie erinnern sich sicherlich, dass das Delta einer Option darüber Aufschluss gibt, wie stark sich der Optionspreis ändert, wenn der Basiswert um eine Einheit steigt oder fällt.

Wenn Sie eine Call-Option mit einem niedrigen Delta kaufen, z. B. 0,5 als Wert, dann bewegt sich Ihre Option nur um 0,50 Euro, falls der Basiswert um 1 Euro steigt. Da Sie jedoch die Kursbewegung der Aktie mit der Option nachbilden wollen, ist dieses Delta zu niedrig. Achten Sie daher darauf, dass das Delta des Calls mindestens 0,75 beträgt und die Laufzeit der Option Ihrem Anlagehorizont entspricht.

Der Delta-Effekt: So nutzen Sie ihn zu Ihrem Vorteil!

Wie Sie aus den vorherigen Kapiteln wissen, bewegt sich das Delta einer Option zwischen 0 und (+/-) 1. Je nach Basispreis der Option ändert sich das Delta und damit die Korrelation zwischen der Bewegung des Underlyings und des Optionspreises. Durch den Kauf einer tief im Geld liegenden ITM-Option (Delta min. 0,7) nutzen wir den sogenannten Delta-Effekt.

Läuft der Basiswert in die von uns gewünschte Richtung, steigt das Delta automatisch an, was dazu führt, dass die Bewegungen des Underlyings immer stärker nachgebildet werden. Bewegt sich der Basiswert jedoch gegen uns, fällt das Delta, und somit wird der Verlust der Aktie nur abgeschwächt vom Preis der Option nachgebildet.

Dazu eine sehr stark vereinfachte Beispielrechnung:

Sie planen für 10.000 US-Dollar die Aktie des Unternehmens XY zu kaufen, deren Kurs bei 100 US-Dollar notiert. Statt 100 Aktien à 100 US-Dollar zu kaufen, können Sie auch auf eine ITM-Call-Option zurückgreifen. Sie wählen eine Call-Option, die 10 Punkte im Geld liegt (d. h. einen 90-US-Dollar-Basispreis). Als Restlaufzeit wählen Sie 12 Monate. Für diesen Call zahlen Sie knapp 1.500 US-Dollar (1.000 US-Dollar innerer Wert + 500 US-Dollar Zeitwert). Gehen wir nun einmal die möglichen Gewinn-/Verlust-Szenarien (G/V) durch:

a) Die Aktie steigt in den nächsten 6 Monaten um 20 % auf 120 US-Dollar:

G/V Aktien: In diesem Fall würde Ihr Gewinn 2.000 US-Dollar bzw. 20 % betragen (20 US-Dollar pro Aktie x 100 Aktien)

G/V Call: Ihr Call gewinnt 20 Punkte an innerem Wert (= 2.000 US-Dollar), verliert jedoch 1/3 an Zeitwert (ca. 170 US-Dollar): Damit machen Sie unterm Strich einen Gewinn von ca. 1.830 US-Dollar, was einem prozentualen Gewinn von 121 % auf den ursprünglich eingesetzten Betrag von 1.500 US-Dollar entspricht.

b) Die Aktie steht nach 6 Monaten unverändert auf 100 US-Dollar:

G/V Aktien: weder Gewinn noch Verlust

G/V Call: Der Call verliert ca. 170 US-Dollar an Zeitwert, womit Sie einen Verlust von 170 US-Dollar bzw. – 11,3 % erleiden.

c) Die Aktie fällt in den nächsten 6 Monaten um 20 % auf 80 US-Dollar:

G/V Aktien: Ihr Verlust beträgt – 2.000 US-Dollar.

G/V Call: Der Call verliert mit seinem Basispreis vom 90 US-Dollar seinen inneren Wert (- 1.000 US-Dollar) komplett, behält jedoch einen Zeitwert von ca. 330 US-Dollar (ergibt sich aus 500 $ Zeitwert – 170 $ Zeitwertverlust). Damit beträgt Ihr Verlust ca. – 1.170 US-Dollar bzw. – 78 %.

In Abbildung 9 sehen Sie die stark vereinfachte Gewinn- und Verlust-Rechnung übersichtlich dargestellt:

Szenario/ Art	Aktien	ITM-Call-Option
XY + 20 %	+ 2.000 US-Dollar	+ 1.830 US-Dollar
XY un- verändert	+ 0 US-Dollar	- 170 US-Dollar
XY – 20 %	- 2.000 US-Dollar	- 1.170 US-Dollar

Abbildung 9: *Gewinn- und Verlust-Rechnung Aktie vs. ITM-Call-Option. (Quelle: eigene Darstellung)*

Wie Sie leicht erkennen können, verbessert sich Ihr Gewinn-/ Verlust-Verhältnis durch den Kauf der Call-Option im Vergleich zum direkten Aktienkauf deutlich. Sie würden bei einem Anstieg von XY um + 20 % zwar nur 1.820 US-Dollar statt 2.000 US-Dollar verdienen, jedoch bei einem Rückgang von XY um – 20 % nur – 1.170 US-Dollar statt 2.000 US-Dollar verlieren. Der Delta-Effekt ist umso stärker, je größer die Bewegung des Basiswertes ist.

Wichtige Vorteile von Optionen gegenüber Aktien

Wenn Sie einmal genauer darüber nachdenken, dann werden Sie schnell erkennen, wie weitreichend die Konsequenzen aus dem obigen Beispiel sind. Optionen haben gegenüber Aktien eine Reihe an Vorteilen:

a) Da Sie durch den Kauf einer Option weniger bezahlen als für den Kauf der entsprechenden Aktienanzahl (im Schnitt zwischen 60 % und 80 % weniger bei ITM-Optionen), können Sie das Geld für andere Investitionszwecke bzw. weitere Trades nutzen.

b) Stellen Sie sich ein Szenario vor, in dem die Aktie XY aufgrund eines „Black-Swan-Events" über Nacht um – 50 % fällt. Mit dem Kauf einer Option können Sie niemals mehr als die Optionsprämie verlieren. Gegen ein *gap* (plötzliche Kurslücke) schützt Sie bei Aktien auch kein Stop Loss! Somit sind Sie – insofern Sie nicht Ihre gesamte Investitionssumme in Optionen stecken – vor „Black-Swan-Events" geschützt.

c) Wie oben bereits angesprochen, hilft Ihnen der Delta-Effekt beim Kauf von ITM-Optionen, Ihr Gewinn-/Verlust-Potenzial deutlich zu verbessern.

d) Mit Optionen können Sie sich die verschiedensten Konstrukte bauen, die sich entweder zur Spekulation auf eine Kursbewegung, zur Absicherung (Hedging) oder zur Prämiengenerierung als Optionsverkäufer (Stillhalter) eignen. In Kapitel 5) gehe ich deshalb auf ein paar (teils auch) komplexere Strategien ein, damit Sie sehen können, welches gewaltige Potenzial Ihnen der Optionshandel eröffnet!

5) Optionsstrategien, die Sie kennen sollten

Im Folgenden stelle ich Ihnen ein paar bekanntere Options-strategien vor. Vielleicht haben Sie die eine oder andere Bezeichnung ja schon einmal gehört? Hier wird es jetzt richtig spannend! Denn diese sind ein paar der Werkzeuge, mit denen Profis ihr Geld verdienen und die man Ihnen still und leise vorenthält. Sehen Sie selbst:

Covered Call: Drucken Sie sich monatlich ein Nebeneinkommen

Bei der *Covered-Call*-Strategie verkaufen/schreiben Sie einen Call je 100 Einheiten des Underlyings, das sich in Ihrem Besitz befindet. Durch den Verkauf des Calls vereinnahmen Sie die Optionsprämie und generieren dadurch ein nettes Nebeneinkommen.

Da Sie den Basiswert halten, ist der geschriebene Call gedeckt (engl. *covered*). Sollte am Verfallsdatum des Calls das Underlying über dem Ausübungspreis der Option handeln, müssen Sie als Stillhalter den Basiswert zum vereinbarten Preis liefern. Wie bereits angesprochen, erhalten Sie im Gegenzug in jedem Fall die Optionsprämie als eine Art Entschädigung.

Je weiter der Ausübungspreis des Calls vom Kurs des Underlyings entfernt ist und je kürzer dessen Restlaufzeit, desto niedriger ist die erhaltene Optionsprämie und umgekehrt.

Es bleibt somit Ihnen überlassen, ob Sie für den Call einen nahen Ausübungspreis wählen und dadurch eine höhere Prämie vereinnahmen oder lieber einen weiter aus dem Geld liegenden Call verkaufen und dafür weniger einnehmen.

Hier ein kurzes Beispiel:

Wir nehmen an, in Ihrem Besitz befinden sich 100 Facebook-(FB) Aktien, die bei 171,5 US-Dollar notieren. Sie gehen davon aus, dass Facebook in den nächsten 30 Tagen seitwärts laufen wird und beschließen deshalb, einen Covered Call mit Laufzeit 17. November 2017 zu verkaufen.

In Abbildung 10 habe ich drei in Frage kommende FB-Calls mit unterschiedlichen Basispreisen (170 US-Dollar, 175 US-Dollar, 180 US-Dollar) abgebildet. Rechts daneben sehen Sie deren Preise. Durch den Verkauf des 170-US-Dollar-Calls erhalten Sie ca. 714 US-Dollar, durch den 175-US-Dollar-Call 465 US-Dollar und für den 180-US-Dollar-Call gibt es immerhin noch 286 US-Dollar.

Verlieren können Sie durch den Verkauf eines Calls nichts, da ein Kontrakt durch Ihre Aktienposition abgedeckt ist. Jedoch ist durch den Call-Verkauf natürlich Ihr Gewinnpotenzial beschränkt. Verkaufen Sie beispielsweise den 175-US-Dollar-Call für 465 US-Dollar, so entgehen Ihnen die Kursgewinne, falls FB am Laufzeitende des Calls über 175 US-Dollar steht. Entschädigt werden Sie mit der Optionsprämie in Höhe von 465 US-Dollar. Sie müssen hier also genau abwägen und Ihre persönlichen Investment-Prioritäten setzen, denn im Falle einer Ausübung Ihrer Option müssen Sie natürlich auch Ihre Aktien verkaufen. Wollen Sie dies jedoch nicht, müssen Sie dann die Aktien wieder teuer am Markt zurückkaufen. Das ist natürlich nicht immer sinnvoll (aber auch hier gibt es Anpassungsmöglichkeiten während der Laufzeit der Option, welche Profis nutzen).

FB	11.10.17	171.53	171.55	c171.59
FB Nov 17'17 170 CALL		7.05	7.20	c7.14
FB Nov 17'17 175 CALL		4.60	4.70	c4.65
FB Nov 17'17 180 CALL		2.83	2.89	c2.86

Abbildung 10: *Facebook-Aktie inkl. Covered Call-Optionen zur Prämiengenerierung.* *(Quelle: TWS, Interactive Brokers)*

Durch den Covered Call Verkauf können Sie so jeden Monat ein Zusatzeinkommen generieren. Gerade in Seitwärtsphasen, in denen sich Aktien kaum bewegen, ist diese Strategie sehr lukrativ. Im obigen Beispiel entspricht der Verkauf des 175-US-DollarCalls für 465 US-Dollar eine Rendite von 2,7 %, die Sie in knapp 5 Wochen generieren können. In Zeiten der Niedrigzinsphase durchaus einträglich, oder? Dem normalen „Feierabend-Anleger", der nicht mit Optionen handelt, entgehen solche Profite jedoch Tag für Tag …

Protective Put: Sichern Sie sich gegen Kurseinbrüche ab

Stellen Sie sich folgendes Szenario vor: Sie sitzen bei Aktie XY auf einem kräftigen Buchgewinn von mehreren tausend Euro. Nächste Woche steht die Veröffentlichung der Quartalszahlen an. In der Vergangenheit hat die Aktie XY des Öfteren negativ darauf reagiert und mit einem saftigen Kursabschlag am folgenden Tag eröffnet.

Sie könnten die Aktie XY zwar verkaufen. Aber dann entgehen Ihnen möglicherweise Kursgewinne, falls das Unternehmen Quartalszahlen veröffentlicht, die besser sind als erwartet, und die Aktie steigt. Was also sollten Sie tun?

Eine kurz laufende, am Geld liegende (ATM) Put-Option auf XY hilft Ihnen in diesem Fall aus dem Dilemma. Diese kaufen Sie als Schutz (daher der Name *protective put*) gegen einen möglichen Kursverfall der Aktie. Dafür bezahlen Sie lediglich eine kleine Sicherheitsprämie. Im Gegenzug profitieren Sie davon, falls die Aktie XY nach den Quartalszahlen weiter steigt.

Protective Puts können Sie natürlich auch einsetzen, um Ihr gesamtes Aktienportfolio gegenüber Kurseinbrüchen abzusichern, z. B. in der Endphase eines Bullenmarktes. Genauso machen es die Wall-Street-Profis und hoffentlich auch bald Sie!

Straddle: So setzen Sie auf einen Anstieg der Volatilität

Bei der *long-straddle-Strategie* kaufen Sie auf einen Basiswert gleichzeitig eine Call- und eine Put-Option mit gleichem Basispreis und Laufzeit. Dadurch wetten Sie darauf, dass sich das Underlying bis zum Laufzeitende der Optionen preislich stark bewegt. Die Richtung ist Ihnen dabei egal: Sie gewinnen, insofern die Kursbewegung des Basiswertes so groß ist, dass die Gewinne der dann im Geld liegenden Option die gezahlten Optionsprämien überkompensieren.

Durch diese Strategie eröffnet sich Ihnen ein völlig neues Spielfeld: Sie müssen nicht mehr wissen, ob ein Basiswert steigt oder fällt. Vielmehr fragen Sie sich ab jetzt nur noch: Bei welchen Werten steht eine starke Bewegung zeitnah an? Und wieder sind Ihre Chancen auf Investmenterfolg an der Börse gegenüber dem „unwissenden" Privatanleger ein ganzes Stück gestiegen. Und das ist erst der Anfang. Die Profis nutzen noch eine ganze Reihe weiterer „Spielzeuge", um für sich die besten und risikoärmsten Gewinne am Markt zu erwirtschaften …

Vertical Spread: Bull-Call- vs. Bear-Put-Spread

Von einem sog. *Vertical Spread* gibt es mehrere Varianten: Mit einem *Bull-Call-Spread* (BCS) setzen Sie z. B. auf steigende Kurse im Basiswert. Bei einem *Bear-Put-Spread* (BPS) auf fallende Notierungen.

Bei diesen Optionskombinationen kaufen und verkaufen Sie die gleiche Anzahl an Optionen mit gleicher Laufzeit, aber unterschiedlichen Basispreisen. Im Falle eines BCS auf die Aktie XY kaufen Sie beispielsweise eine 30-US-Dollar-Call-Option und verkaufen gleichzeitig eine 40-US-Dollar-Call-Option auf XY mit gleicher Laufzeit. Der Vorteil dieses BCS ist, dass Sie durch den Verkauf des 40-US-Dollar-Calls Ihre Kosten für den 30-US-Dollar-Call senken und sich dadurch Ihr Gewinn-/Verlust-Verhältnis verbessert. Nachteil des BCS ist, dass Ihr Gewinn auf die Differenz der Calls (40 $ – 30$ = 10 $) beschränkt ist. Einem kleineren Risiko steht somit auch eine Gewinnbeschränkung gegenüber.

Auch hier will ich Ihnen ein **Beispiel aus der Praxis** präsentieren und greife dafür erneut auf Facebook zurück. Nehmen wir an, Sie rechnen damit, dass die Facebook-Aktie in den nächsten 8 Wochen um – 20 % fällt und wollen daran verdienen. Welche Möglichkeiten haben Sie?

a) Leerverkauf von Facebook-Aktien (sogenanntes Shorten). Hier leihen Sie sich gegen eine Gebühr Aktien (z.B. bei einem Großanleger), verkaufen diese am Markt und hoffen auf eine billigere Rückkaufmöglichkeit. Den dabei entstandenen Gewinn möchten Sie verbuchen und dann die Aktien zurückgeben. Ihr Verlustrisiko ist jedoch unendlich hoch, da eine Aktie ja theoretisch unendlich weit steigen kann. Dementsprechend ist diese Strategie äußerst riskant!

b) Kauf einer Put-Option auf Facebook

c) Kauf eines Bear-Put-Spreads auf FB

Die letztgenannte Möglichkeit sprechen wir an dieser Stelle kurz durch:

Sie könnten eine bis in den Dezember 2017 laufende 160-US-Dollar-Put-Option für 324 US-Dollar kaufen und gleichzeitig den 150-US-Dollar-Put mit gleicher Laufzeit für 148 US-Dollar verkaufen. Insgesamt zahlen Sie für den Bear-Put-Spread damit (324 $ – 148 $) 176 US-Dollar. In Abbildung 11 sehen Sie die erwähnten Facebook-Optionen sowie den Bear-Put-Spread noch einmal als Screenshot dargestellt.

FB	171.53	171.55	c171.59
FB Dec 15'17 160 PUT	3.20	3.30	c3.24
FB Dec 15'17 150 PUT	1.46	1.52	c1.48
FB Dec 160/150 Bear-Put	1.69	1.84	

Abbildung 11: *Facebook-Aktie mit Bear Put Spread. (Quelle: TWS, Interactive Brokers)*

Ihr potenzieller Gewinn, falls Ihre Wette aufgeht und Facebook am Laufzeitende der Optionen unter 158,24 US-Dollar steht, ist dabei weitaus höher als der Preis des BPS. Sie können immerhin 824 US-Dollar gewinnen (160 $ – 150 $) x 100 = 1.000 $ – 176 $ = 824 $. **Gegenüber Ihrem maximalem Risiko von 176 $ entspricht dies einem Chance-Risiko-Verhältnis (CRV) von beinahe 5!**

Das bedeutet, dass Sie nur bei jeder fünften Wette richtig liegen müssen, **um keine Verluste zu erleiden.** Und wenn Sie mit Ihren vertikalen Spread-Wetten noch weiter aus dem Geld gehen, erhöht sich ihr CRV noch weiter. Falls Sie sich jemals gefragt haben, wie u. a. Hedgefonds-Manager ihre Trades strukturieren: Genau so! Mit beschränktem Risiko und großem Gewinnpotenzial! Ab jetzt können Sie das auch!

LEAPs: die Langläufer unter den Optionen

Abschließend möchte ich Ihnen noch die sogenannten **LEAPs-Optionen** vorstellen. LEAPs steht für *Long-Term Equity Anticipation Securities*. Wie der englische Name schon sagt, erstreckt sich die Laufzeit dieser Optionen über mehrere Jahre, womit Sie sehr viel Zeit haben, dass Ihre Wette aufgeht. Da es in so einem langen Zeitraum zu sehr großen Kursbewegungen im Basiswert kommen kann, haben Sie mithilfe von LEAPs auch **exorbitant hohe Gewinnmöglichkeiten**.

Sehen wir uns auch hier **ein Praxisbeispiel an** (nur zur Veranschaulichung!):

Der US-Silber-ETF mit dem Ticker-Symbol SLV steht aktuell bei ca. 16,00 US-Dollar. Ein aus dem Geld liegender LE-

AP-Call mit Laufzeit Januar 2020 und Basispreis 20,00 US-Dollar kostet Sie derzeit ca. 130 US-Dollar. Notiert SLV zum Laufzeitende unter 20 US-Dollar, verfällt der Call wertlos. Nun stellen Sie sich jedoch vor, was passiert, wenn der Silberpreis den Bullenmarkt des Jahres 2011 fortsetzt und zunächst einmal zurück auf das alte Allzeithoch bei 50 US-Dollar steigt!

In diesem Fall würde der innere Wert der besagten Call-Option auf 3.000 US-Dollar steigen, was einem Gewinn von ca. 2.870 US-Dollar bei einem Risiko von 130 US-Dollar entspricht!

Über 2.000 % Rendite klingen nicht schlecht, oder? Doch was passiert, wenn der Silberpreis bis zum Laufzeitende des Calls sogar auf 100 US-Dollar pro Unze steigt? Aus Ihrem 130-US-Dollar-Einsatz werden dann mal eben 8.000 US-Dollar. Das wäre beinahe eine Ver-80(!)-fachung! Wer braucht da noch die Lottoscheine vom Kiosk? Die Chancen hier sind realistisch und bieten erhebliches Potenzial!

Kurz und knapp:

Wenn Sie auf große Kursbewegungen in einem langen Zeitraum wetten möchten, dann sollten Sie unbedingt LEAP-Optionen in Ihrer „Werkzeugkiste" haben.

Weitere Strategien und Kombinationsmöglichkeiten

Wie ich Ihnen bereits im Vorwort schrieb, lassen sich zum Thema Optionen ganze Buchreihen verfassen. In diesem

Leitfaden kann ich Ihnen aus Platzgründen leider nur ein paar ausgewählte Optionsstrategien und deren Vorteile in ihren Grundzügen vorstellen.

Es gibt noch deutlich mehr als die hier präsentierten. Zusätzlich können Sie die angesprochenen Optionsstrategien auch noch miteinander kombinieren. Ein Beispiel wäre der Verkauf eines Covered Calls zur Finanzierung eines Protective Puts. Ihrer Fantasie sind fast keine Grenzen gesetzt, insofern Sie erst einmal verstanden haben, wie Optionen funktionieren und wie Sie diese zu Ihrem Vorteil einsetzen können.

Was auch immer Sie möchten, mit Optionen können Sie sich die optimale Anlage-Lösung konstruieren. Auf Zertifikate und sonstige Bankprodukte sind Sie nicht mehr angewiesen. Weshalb? Sie bauen sich das Produkt einfach selbst!

6) Warum Sie auf Optionen nicht verzichten sollten

Im Laufe dieses Buches habe ich schon viele Vorteile genannt, die Optionen Ihnen bieten. Ich gehe an dieser Stelle nochmals zusammenfassend auf die wichtigsten Punkte ein:

Geringerer Kapitaleinsatz

Da Sie mit einer Standard-Option 100 Einheiten des Basiswertes kontrollieren, brauchen Sie in aller Regel nur 1/10 bis 1/5 der ursprünglich für den Kauf vorgesehenen Investitionssumme, um an der Bewegung des jeweiligen Underlyings partizipieren zu können. Den nicht benötigten Restbetrag können Sie entweder auf Ihrem Brokerkonto lassen, auf ein Tagesgeldkonto überweisen oder für andere Investments wie z. B. den Kauf physischer Goldmünzen nutzen. Aufgrund des geringeren Kapitaleinsatzes können Sie somit Ihr Portfolio deutlich stärker diversifizieren, was Ihnen natürlich ein Plus an Sicherheit bringt.

Trading mit Hebelwirkung

Aufgrund des geringeren Kapitaleinsatzes bietet Ihnen eine Option automatisch eine Hebelwirkung. Wenn Sie die Grundlagen des Risiko- und Money- Managements beherrschen, können Sie dank dieser Ihr Konto auch deutlich schneller vergrößern, als das mit direkten Investments in den entsprechenden Basiswerten jemals möglich wäre. In der

Börsengeschichte gibt es viele Beispiele dafür, wie Trader durch den aggressiven Einsatz von Optionen dank der Hebelwirkung in wenigen Monaten ein Vermögen verdient haben. Falls Sie jedoch auf das falsche Pferd setzen, kann die Hebelwirkung auch gegen Sie arbeiten und zu hohen Verlusten führen. Deshalb ist es wichtig, dass Sie als Anfänger die Hebelwirkung nicht missbrauchen und erst im Laufe der Zeit mehr und mehr davon Gebrauch machen.

Verlust auf Optionsprämie beschränkt

Ein weiterer Vorteil, den Ihnen Optionen gegenüber Direktinvestments in den Basiswerten bieten: Sie können bei gekauften Optionen oder Spreads niemals mehr als die bezahlte Optionsprämie verlieren, die in der Regel nur einen Bruchteil der Aktienkaufsumme beträgt.

Wann könnte dies von Vorteil sein?

Alle paar Jahre kommt es an den Börsen zu sogenannten Black-Swan-Events, also Ereignissen, die von niemandem vorhergesehen wurden und die sich katastrophal auf die Kursentwicklung von Aktien, Rohstoffen und anderen Anlageklassen auswirken. Wenn Sie bei so einem Ereignis mit 100 % Ihres Kapitals direkt in den Basiswerten investiert sind, kann das den Konto-Tod für Sie bedeuten. Falls Sie jedoch Optionen nutzen und – wie oben beschrieben – nur mit einem Bruchteil der angedachten Investitionssumme im Markt vertreten sind, dann sind Sie selbst nach einem derartigen Vorfall noch handlungsfähig. Schließlich verfügen Sie über eine ausreichend große Kapitalreserve, um Ihr Konto ggf. neu zu kapitalisieren. Wenn Optionen richtig eingesetzt werden, sichern sie langfristig Ihr finanzielles Überleben.

Setzen Sie auf steigende und fallende Kurse

Dank Call- und Put-Optionen können Sie sowohl auf steigende als auch auf fallende Kurse wetten. Gerade Letzteres bleibt vielen Long-Only-Aktionären vorenthalten. Diese Anleger sind darauf angewiesen, dass die Börsen steigen, damit sie Gewinne erzielen. Sie wiederum können in Zukunft ganz bewusst Ihr Portfolio zum richtigen Zeitpunkt mit Optionen absichern (Stichwort: Protective Put) und durch das Hedgen große Performancerücksetzer Ihres Depots vermeiden.

Darüber hinaus steht Ihnen natürlich auch die Möglichkeit offen, mit Put-Optionen auf fallende Kurse zu spekulieren, ohne dass Sie dazu den jeweiligen Basiswert in Ihrem Portfolio haben müssen. Mit Puts können Sie im nächsten Aktienbärenmarkt kräftig absahnen, während Otto Normalanleger mal wieder die Verluste erleidet.

Besseres CRV-Profil dank Delta-Effekt und Optionsstrategien

Wenn Sie ITM-Optionen als Aktienersatz in Erwägung ziehen, dann haben Sie dank des Delta-Effekts mit Optionen ganz automatisch ein besseres Chance-Risiko-Profil. Im Vergleich zu einer Direktinvestition sind Ihre Verluste mit ITM-Optionen deutlich geringer, falls Sie falsch liegen, während Ihre Gewinne fast die gleiche Größe aufweisen.

Als erfahrener Anleger haben Sie zudem die Möglichkeit, in komplexere Optionsstrategien wie vertikale Bull- oder Bear-Spreads zu investieren. Diese Strategien werden vor allem von den Wall-Street-Profis eingesetzt und bieten Ihnen Chance- vs. Risiko-Verhältnisse, von denen deutsche Privatanleger ansonsten nur träumen können. Mit diesen Strategien können Sie aufgrund des geringen Kapitaleinsatzes und damit Risikos sehr oft falsch liegen und mit nur einem richtigen Treffer die Verluste der anderen Trades wieder ausgleichen.

Einkommensgenerierung durch den Verkauf von Optionen

Durch den Verkauf von Optionen können Sie als Optionsstillhalter monatlich ein saftiges Nebeneinkommen erzielen. Falls Sie die *Covered-Call*-Strategie anwenden und gegen Ihre Aktienbestände Calls verkaufen, können Sie so monatlich mit Renditen zwischen + 1 % und + 5 % rechnen. Und das ganz ohne Verlustrisiko. Im schlimmsten Fall entgehen Ihnen ein paar Kursgewinne des Basiswertes oder Sie müssen Ihren Basiswert verkaufen (wenn Sie die Option ins Geld laufen lassen und nicht vorher zurückkaufen und eine Option mit höherem Basiswert verkaufen).Aber die Optionsprämie ist Ihnen sicher! Als fortgeschrittener Anleger sollten Sie unter Umständen sogar den Verkauf ungedeckter Puts und Calls (*naked*) in Erwägung ziehen. Auf diese Weise können Sie Ihre monatliche Gelddruckmaschine anwerfen, ohne den Basiswert überhaupt besitzen zu müssen. Gerade in Zeiten einer hohen impliziten Volatilität des Basiswertes lohnt sich

diese Strategie ungemein. Lassen Sie sich fürstlich dafür bezahlen, dass Sie den Basiswert halten. Monat für Monat. Dies
eignet sich natürlich nur für erfahrene Anleger, die auch die
entsprechenden Risiken vollständig verstehen und managen
können …

Strategien für Anfänger und Optionsprofis

Auch wenn ich hier nur ein paar Strategien geschildert habe,
sehen Sie es wahrscheinlich bereits: Optionen bieten für
jeden Anleger etwas. Als Anfänger können Sie durch den
Kauf von ITM-Optionen den Delta-Effekt nutzen oder mittels Covered Calls ein monatliches Einkommen erzielen. Im
Laufe der Zeit werden Sie bestimmt auch andere, komplexere
Strategien ausprobieren. Das ist das Schöne an Optionen:
Ihrer Fantasie sind hierbei keinerlei Grenzen gesetzt! Mit-
unter kombinieren die Profis sogar mehrere Strategien gleichzeitig, um dadurch noch bessere und ganze individuell zu-
geschnittene Chance-Risiko-Profile zu erreichen.

Wenn Sie sich auf Optionen einlassen, erwartet Sie eine in-
tellektuell stimulierende Herausforderung, die niemals lang-
weilig wird. Vorbei sind die Marktphasen, in denen Sie auf
Ihren Händen sitzen müssen, weil sich keine interessanten
Möglichkeiten bieten. Durch den Optionshandel gibt es zahl-
reiche Strategien, mit denen Sie unabhängig von der Markt-
lage (aufwärts, seitwärts, abwärts) auf der Gewinnerseite
stehen.

7) Die Wahl des richtigen Optionsbrokers

Die Vorteile des Optionshandels können Sie natürlich nur genießen, wenn Sie auch den passenden Broker auf Ihrer Seite haben. Zum einen sollten Sie einen Broker wählen, mit dem Sie Zugang zu Ihrem gewünschten Markt (z. B. CBOE für US-Optionen) sowie zu sämtlichen Optionsstrategien haben.

Das bedeutet, Sie sollten bei Ihrem Broker Optionen sowohl kaufen als auch verkaufen/schreiben können und darüber hinaus auch eine Ordermaske für komplexere Optionsstrategien bereitgestellt bekommen. Des Weiteren sollte ein Monitoring-Tool zur Verfügung stehen, mit dem Sie die Optionskennzahlen (Griechen) Ihrer Optionen und Optionsstrategien überwachen können.

Und selbstverständlich sollte Ihnen der Broker für das Handeln von Optionen nicht allzu hohe Transaktionsgebühren berechnen. Denn die Ordergebühren summieren sich schnell zu einer stattlichen Summe, die Ihnen das Genick brechen kann. Wenn Sie zu hohe Ordergebühren für die Transaktionen zahlen, geht ein Großteil Ihrer Gewinne dabei drauf.

Zusammengefasst wollen wir also einen Broker, der uns Zugang zu allen großen Optionsbörsen der Welt bietet, mit dem wir auch komplexe Optionsstrategien eingehen und überwachen können und der darüber hinaus noch günstige Ordergebühren hat. So einen Broker gibt es nicht, sagen Sie? Doch, den gibt es, und er heißt: Interactive Brokers (IB).

IB bietet Ihnen Zugang zu über 100 Märkten in 26 Ländern und 22 Währungen. Dank des sogenannten *Smart-Routings* sucht IB für Ihre Optionsorder stets den besten Preis an verschiedenen Börsen und führt Ihren Auftrag dort aus. Durch die bessere Kursstellung im Vergleich zu anderen Brokern sparen Sie allein damit schon jedes Jahr sehr viel Geld.

Dazu kommen die günstigen Ordergebühren von Interactive Brokers. Während Sie bei anderen Brokern teilweise bis zu 10 US-Dollar pro Optionsorder berappen müssen, zahlen Sie bei IB je Optionskontrakt nur zwischen 0,75 US-Dollar und 0,25 US-Dollar, wobei die Mindestgebühr pro Order 1 US-Dollar beträgt. Das bedeutet, dass Sie z. B. das Schreiben eines Covered Calls für 100 Apple-Aktien nur 1 US-Dollar kostet.

Die Handelsplattform von Interactive Brokers, die sogenannte Trader Work Station (TWS), benutzerfreundlich. Bei IB handelt mit großem Abstand die Mehrheit der Börsenprofis, und das wirklich nicht ohne Grund.

Ein Manko hat IB jedoch: Der Kundenservice wird nur eingeschränkt auf Deutsch angeboten. Das bedeutet, dass Sie zumindest ein Basiswissen in Englisch haben sollten, bevor Sie ein Konto bei IB eröffnen. Zwar hat IB die Menüführung der Trader Work Station mittlerweile ins Deutsche übersetzt. Jedoch kommt es aufgrund der komplexen Eingabemöglichkeiten immer wieder einmal vor, dass man eine Frage an den englischsprachigen Kundenservice richten muss.

Falls Sie des Englischen nicht hinreichend mächtig sind und auf einen Deutsch sprechenden Service Wert legen, können Sie auch auf die Broker Cap-Trader und Lynx zurückgreifen. Alle nutzen die von Interactive Brokers bereitgestellte Trader Work Station sowie deren Smart-Routing-System, mit dem Sie Zugang zu sämtlichen Märkten und Optionsstrategien haben. Einziger Wermutstropfen dieser beiden Broker sind die deutlich höheren Transaktionsgebühren. So zahlen Sie bei Cap-Trader 4 US-Dollar und bei Lynx 3,50 US-Dollar pro US-Optionskontrakt. Das ist ca. fünfmal mehr, als wenn Sie bei IB direkt handeln würden. Ansonsten bieten Ihnen diese beiden Broker den gleichen Funktionsumfang wie Interactive Brokers.

8) Steuerliche Behandlung von Optionen

Als zukünftiger Optionshändler müssen Sie natürlich wissen, wie Ihre Gewinne und Verluste steuerlich behandelt werden. Bevor wir ins Detail gehen, sei vorweg erwähnt, dass je nach Brokerwahl die Kapitalerträge und -verluste von Ihnen selbst ermittelt werden müssen, falls Sie einen ausländischen Broker wie z. B. Interactive Brokers nutzen. Die Gewinne sind dann in der Einkommensteuererklärung anzugeben, da die automatisch erhobene Abgeltungssteuer hier nicht greift. Bitte konsultieren Sie diesbezüglich unbedingt auch einen Steuerberater Ihres Vertrauens!

Im Folgenden gehe ich auf die steuerliche Behandlung diverser Optionsgeschäfte grundsätzlich ein.

a) Veräußerung eines Calls/Puts innerhalb der Optionslaufzeit aus Sicht des Käufers

Insofern Sie eine gekaufte Option innerhalb ihrer Laufzeit wieder veräußern, handelt es sich um ein gewöhnliches Veräußerungsgeschäft für Wertpapiere. Gewinne sind steuerpflichtig, zählen zu den Einkünften aus Kapitalvermögen und unterliegen der sogenannten Abgeltungssteuer in Höhe von derzeit 25 % zuzüglich Solidaritätszuschlag und Kirchensteuer.

b) Ausübung einer Call-Option aus Sicht des Call-Käufers

Wenn Sie als Käufer einer Call-Option diese am Ende der Laufzeit ausüben, wird die von Ihnen bezahlte Optionsprämie zu den Anschaffungskosten des Basiswertes gezählt. Bei späterer Veräußerung des Basiswertes wird zur Bestimmung des Veräußerungsgewinns bzw. -verlusts der Verkaufspreis des Underlyings mit Anschaffungskosten (bezahlte Optionsprämie) verrechnet.

c) Ausübung einer Put-Option aus Sicht des Put-Käufers

In diesem Fall liegt hinsichtlich des Optionsunderlyings ein Veräußerungsgeschäft (Verkauf) vor. Die von Ihnen für die Put-Option gezahlte Optionsprämie wird bei Ermittlung des Veräußerungsgewinns bzw. -verlusts verrechnet.

d) Verfall einer Option aus Sicht des Options-Käufers

In der Vergangenheit konnten bei wertlosem Optionsverfall die vom Optionskäufer gezahlten Prämien steuerlich nicht geltend gemacht werden. Der Bundesfinanzhof hat diese Regelung jedoch im Januar 2016 aufgehoben, so dass die gezahlten Optionsprämien mittlerweile steuerlich berücksichtigt werden und mit anderen Einkünften aus Kapitalvermögen verrechnet werden können.

e) Verfall einer Option aus Sicht des Stillhalters

Insofern der Käufer der Option diese bis zum Verfallsdatum nicht ausübt, zählt die vereinnahmte Optionsprämie zu den Einkünften aus Kapitalvermögen und unterliegt damit der

Abgeltungssteuer in Höhe von 25 % zuzüglich Soli und ggf. Kirchensteuer.

f) Ausübung einer Call-Option aus Sicht des Call-Stillhalters

Erfolgt bei Ausübung einer Call-Option die Lieferung des Basiswertes, liegt aus Sicht des Optionsverkäufers ein normales Veräußerungsgeschäft vor, das entsprechend steuerlich behandelt wird.

Kommt es statt einer Lieferung des Underlyings zu einem Barausgleich (wie z. B. bei einem Index wie dem Volatilitätsindex des S&P 500, dem VIX), darf der zu leistende Barausgleich nicht mit der vereinnahmten Optionsprämie verrechnet werden.

g) Ausübung einer Put-Option aus Sicht des Put-Stillhalters

Da der Optionsstillhalter verpflichtet ist, das Underlying bei Ausübung innerhalb der Optionslaufzeit zu kaufen, liegt aus steuerlicher Sicht diesbezüglich eine Anschaffung des Basiswertes vor. Bei späterem Verkauf wird die vereinnahmte Optionsprämie steuerlich nicht berücksichtigt.

Kommt es statt einer Lieferung des Basiswertes zu einem Barausgleich und damit zu einem Verlust, kann dieser nach derzeitigem Recht mit der eingenommenen Optionsprämie nicht verrechnet werden.

h) Glattstellung einer Option aus Sicht des Stillhalters

Schließt der Optionsverkäufer vor Ablauf der Laufzeit die Option (Rückkauf), können daraus resultierende Gewinne/ Verluste mit anderen Einkünften aus Kapitalvermögen verrechnet werden.

Je nachdem, ob Sie als Optionskäufer oder Stillhalter agieren und ob es zu einer Veräußerung bzw. Glattstellung, einer Lieferung des Basiswertes oder einem Barausgleich kommt, greift eine andere steuerliche Behandlung. Ich empfehle Ihnen deshalb, vor dem Handel mit Optionen einen Steuerberater zu konsultieren.

9) Nachwort

Ich gratuliere Ihnen recht herzlich zur Beendigung dieses Leitfadens zum Thema Optionen. Hoffentlich konnte ich durch meine Ausführungen Ihr Interesse an diesem überaus spannenden Instrument wecken, das leider bisher viel zu wenig von Privathändlern genutzt wird. Falls Sie sich weitergehend mit dem Thema Optionen und ihrem Einsatz im aktiven Handel beschäftigen wollen, kann ich Ihnen folgende Dienste/Publikationen des Verlages an Herz legen: Den Dienst *Optionen Trader* von mir, Mike Rückert, sowie den Dienst *Money Calendar* meiner geschätzten Kollegin und Analystin Frau Claudia Jankewitz. Nähere Informationen erhalten Sie beim Kundenservice des Investor Verlags (0228/9550430) oder auf der Internetseite www.investor-verlag.de.

10) Glossar

Amerikanische Option: Eine Option, die jederzeit vor dem Verfallsdatum ausgeübt werden kann.

Ask-Kurs (Brief): Kaufpreis im Orderbuch.

At the money (ATM) – am Geld liegend: Preis des Basiswertes und Ausübungspreis der Option stimmen überein.

Ausübung: Der Optionskäufer kauft (Call)/verkauft (Put) den Basiswert zum vereinbarten Ausübungspreis.

Ausübungspreis: Preis, zu dem der Basiswert bei Ausübung der Option geliefert (Call) oder bezogen (Put) wird. Synonym: Basispreis oder *strike*.

Barausgleich: Statt einer Lieferung des Basiswertes kommt es zu einer Ausgleichszahlung am Verfallstag (z. B. bei Indizes).

Basispreis: Preis, zu dem der Basiswert bei Ausübung der Option geliefert (Call) oder bezogen (Put) wird. Synonym: Ausübungspreis.

Bear Spread: Kauf einer Option mit hohem Ausübungspreis und gleichzeitiger Verkauf einer Option mit niedrigerem Ausübungspreis des gleichen Basiswertes. Die Laufzeiten beider Optionen sowie die Anzahl sind identisch. Der Käufer des Bear Spreads erwartet einen Preisrückgang bis zur Höhe des Ausübungspreises der verkauften Option am Verfallstag.

Bid-Kurs (Geld): Verkaufspreis im Orderbuch.

Black-Scholes-Modell: Ein bekanntes Optionspreismodell aus dem Jahr 1973, mit dem sich die mathematisch korrekten Preise von Optionen berechnen lassen.

Bull Spread: Kauf einer Option mit niedrigem Ausübungspreis und gleichzeitiger Verkauf einer Option mit höherem Ausübungspreis des gleichen Basiswertes. Die Laufzeiten beider Optionen sowie die Anzahl sind identisch. Der Käufer des Bull Spreads erwartet einen Preisanstieg bis zur Höhe des Ausübungspreises der verkauften Option am Verfallstag.

Call-Option: Das Recht, den Basiswert zum Ausübungspreis innerhalb des Optionszeitraums (amerikanisch) oder nur am Verfallstag (europäisch) vom Stillhalter zu kaufen.

Covered Call: Gegen einen im Besitz befindlichen Basiswert verkauft man eine Call-Option. Diese Strategie dient vor allem der Einkommensgenerierung in Seitwärtsphasen.

Delta: Absolute Veränderung des Optionspreises bei einer Preisänderung des Underlyings um eine Einheit.

Derivat: Finanzinstrument, dessen Preis vom zugrundeliegenden Basiswert abhängt.

Europäische Option: Eine Option, die nur am Verfallstag ausgeübt werden kann.

Gamma: Veränderungsrate des Deltas bei einer Preisänderung des Basiswertes um eine Einheit.

Griechen: Optionskennzahlen, die durch griechische Buchstaben bezeichnet werden: Delta, Gamma, Omega, Theta, Vega.

Hebelwirkung: Die prozentuale Veränderung von Gewinn/Verlust ist im Vergleich zur Veränderung im Basiswert größer.

Hedging: Absicherung eines bestehenden Portfolios gegen starke Preisänderungen.

Innerer Wert: Differenz zwischen Kurs des Basiswerts und Ausübungspreis der Option. Der Wert ist immer größer oder gleich null.

In the money (ITM) – im Geld liegend: Preis des Basiswertes liegt über (Call)/unter (Put) dem Ausübungspreis der Option.

Kontraktgröße: Die Menge des Basiswertes pro Kontrakt.

Laufzeit: Die Lebensspanne der Option bis zu ihrem Verfall.

Margin: Zu hinterlegende Sicherheitsleistung für die Option.

Margin Call: Wenn die zu hinterlegende Sicherheitsleistung nicht mehr ausreichend ist, wird man vom Broker durch eine Nachschusspflicht zur Aufstockung aufgefordert.

Market Maker: Unterstützen durch Kurspflege die Marktliquidität für die in ihrem Verantwortungsbereich liegenden Produkte.

Omega: Setzt die prozentuale Änderung des Optionspreises ins Verhältnis zur prozentualen Änderung des Basiswertes.

Open Interest: Anzahl offener/gehaltener Optionskontrakte.

Option: Das Recht, einen bestimmten Basiswert zu einem festgelegten Preis am oder bis zum Verfallstag zu kaufen (Call) oder zu verkaufen (Put).

Optionskäufer: Hat das Recht, aber nicht die Pflicht, einen bestimmten Basiswert zu einem festgelegten Preis am oder bis zum Verfallstag zu kaufen (Call) oder zu verkaufen (Put).

Optionsverkäufer: Hat bei Ausübung der Option die Pflicht, einen bestimmten Basiswert zu einem festgelegten Preis zu liefern (Call) bzw. abzukaufen (Put). **Synonym für Stillhalter.**

Optionsprämie: Optionspreis, den der Käufer der Option dem Verkäufer/Stillhalter zahlt. Diese setzt sich aus dem inneren Wert und dem Zeitwert der Option zusammen.

Optionsschein: Von Finanzinstituten als Wertpapier emittiertes Hebelpapier.

Out of the money (OTM) – aus dem Geld liegend: Kurs des Basiswertes liegt unter (Call)/über (Put) dem Ausübungspreis der Option.

Over the counter (OTC) – Geschäft: außerbörsliche Transaktion (wörtlich: „über die Theke"-Geschäft)

Protective Put: Durch den Kauf eines Puts wird der sich im Besitz des Käufers befindliche Basiswert abgesichert.

Put-Option: Das Recht, den Basiswert zum Ausübungspreis innerhalb des Optionszeitraums (amerikanisch) oder nur am Verfallstag (europäisch) an den Stillhalter zu verkaufen.

Restlaufzeit: Der verbleibende Zeitraum bis zum Verfall der Option.

Spread: Gleichzeitiger Kauf und Verkauf von Optionen des gleichen Underlyings, jedoch mit verschiedenen Basispreisen und/oder unterschiedlichen Verfallsdaten.

Stillhalter: Hat bei Ausübung der Option die Pflicht, einen bestimmten Basiswert zu einem festgelegten Preis zu liefern (Call) bzw. abzukaufen (Put). **Synonym für Optionsverkäufer.**

Straddle: Gleichzeitiger Kauf (long Straddle) bzw. Verkauf (short Straddle) von Call und Put des gleichen Basiswertes mit identischen Ausübungspreisen und Verfallsdaten.

Vertical Spread: Gleichzeitiger Kauf und Verkauf einer Call- oder Put-Option des gleichen Underlyings und mit identischen Verfallsdaten, jedoch unterschiedlichen Ausübungspreisen.

Vorzeitige Ausübung: Die Ausübung einer amerikanischen Option schon vor ihrem Verfallstag.

Zeitwert: Differenz zwischen Optionsprämie und innerem Wert. Je länger die Laufzeit der Option, desto höher der Zeitwert.

Impressum

© 2018 by Investor Verlag

Koblenzer Str. 99, 53177 Bonn

Telefon: 0228-8205-0, E-Mail: info@investor-verlag.de

Geschäftsführung: Hans Joachim Oberhettinger, Daniela Birkelbach und Richard Rentrop

Inhalt: Mike Rückert, Claudia Jankewitz, Alexander Hahn

Satz: Tipp4

ISBN: 978-3-8125-2615-9

Investor Verlag, ein Unternehmensbereich der FID Verlag GmbH, USt.-ID DE 811270471, Amtsgericht Bonn, HRB 7435

Notizen

Notizen

Notizen